KB047453

4·16구술증언록 단원고 2학년 3반 제6권

그날을 말하다

승희 아빠 신현호

이 도서의 국립중앙도서관 출판예정도서목록(CIP)은 서지정보유통지원시스템 홈페이지(http://seoji.nl.go.kr)와
국가자료공동목록시스템(http://www.nl.go.kr/kolisnet)에서 이용하실 수 있습니다.
CIP제어번호: CIP2019008341

4·16구술증언록 단원고 2학년 3반 제6권

그날을 말하다

승희 아빠 신현호

4·16기억저장소 기획 편집
(사) 4·16세월호참사가족협의회 지원 협조

한울

4·16기억저장소에서는 세월호 참사 5주기를 맞아 구술증언 수집 사업의 결과물 일부를 100권의 책으로 발간하게 되었습니다. 이 사업은 2015년 6월부터 다양한 학문 분야 구술 연구자들의 자발적인 참여로 진행되어 왔으며, 세월호 참사를 좀 더 정확하고 다각적으로 기록하고 기억하고자 하는 노력의 일환으로 수행되었습니다.

2014년 참사 발생 이후, 참사 피해자들의 목격담과 경험은 안타깝게도 공식적인 국가기관과 언론의 기록 속에서 철저히 소외되거나 왜곡되었습니다. 그것은 세월호 참사가 우리에게 안긴 죽음과 고통의 충격만큼이나 우리 사회의 끔찍한 비극이었습니다. 따라서 사업을 진행하면서 세월호 참사 희생자 가족, 생존자, 생존자 가족, 어민, 잠수사, 활동가, 기자 등등, 참사의 초기 과정을 직접 경험한 분들의 증언을 우선적으로 수집했습니다. 구술자는 이 사업의 취지와 방식에 개인적으로 동의한 분 중에서 선정했으며, 참여 과정에 어떠한 금전적 보상이나 이익이 제공되지 않았습니다. 또한 구술증언 수집 사업을 진행하는 동안, 면담자는 연구자이자 참사를 겪은 공동체 시민으로서 최대한 윤리적이고자 노력했습니다.

구술자마다 매회 약 2시간씩 3회를 원칙으로 음성 녹취와 영상 촬영을 하는 방식으로 진행되었고, 증언의 일관성을 확보하기 위해 면담자는 큰 틀에서 공통 질문지를 사용했습니다. 공통 질문지의 내용은 참사와 구술자 간의 관계성에 따라 차이가 있지만, 유가족 구술의 경우 1회차 '참사 이전의 삶, 팽목항과 진도에서의 경험, 자녀에 대한 기억'을, 2회차 '참사 이후 투쟁과 공동체 활동 경험'을, 3회차 '참사 이후 개인 및 가족이 경험한 삶의 변화와 깨달음, 자녀의 현재적 의미'를 중심으로 했습니다. 이처럼 증언 내용은 참사 이전에서 시작해 참사 발생 당시의 경험과 이후의 변화 과정까지 폭넓게 수집했고, 면담자는 구술 채록 과정에서 구술자의 발화를 최대한 존중하고자 했으며, 무엇보다 각자의 특수한 경험과 다른 시각을 충실히 반영하고자 했습니다.

이 구술증언록의 발간을 위해, 채록된 음성 자료는 문서로 변환해 구술자와 함께 검토했고, 현재 시점에서 공개할 수 있는 영역과 할 수 없는 영역으로 구별했습니다. 따라서 책에 실린 내용은 모두 구술자로부터 공개를 허락받은 부분입니다. 비공개 영역은 추후 구술자의 동의를 받아 적절한 절차를 거쳐 추가로 공개될 수 있으리라 생각합니다.

이 구술증언록 100권에는 그동안 우리 사회에 왜곡되어 알려지거나 잘 알려지지 않았던, 참사 발생 직후 팽목항과 진도 혹은 바다에서의 초기 상황에 관한 중요한 증언이 포함되어 있습니다. 또한, 자녀를 잃는 잔인하고 애통한 상황을 겪으면서도 그 누구보다 강인한 정치적 주체로 성장할 수밖에 없었던 유가족의 마음과 경험을 구체적으로, 그리고 여러 각도에서 살펴볼 수 있습니다. 그 외에도, 이 구술증언록은 2014년을 전후한 한국 사회의 여러 측면을 드러내는 귀중한 자료가 되리라고 생각합니다. 무엇보다 국내외의 많은 분이 이 책을 읽어, 장차 세월호 참사의 진상 규명과 역사 서술에 기여할 수 있기를 바랍니다.

구술증언 수집 사업이 진행되고, 책으로 출간되기까지 많은 분의 도움과 지지가 있었습니다. 이 지면을 빌려 부족하나마 감사의 말씀을 전하고자 합니다.

먼저 (사)4·16세월호참사가족협의회와 4·16기억저장소에 감사를 드립니다. 이분들의 신뢰와 적극적인 협조가 없었다면, 이 사업은 처음부터 시작할 수조차 없었을 것입니다. 또한 어려운 정치 환경 속에서도 사업의 취지에 공감해 재정 지원을 결정해 준 아름다운가게와 역사문제연구소에 감사드립니다. 두 단체 덕분에, 이 사업을 4년 동안 계속해 올 수 있었습니다. 그리고 구술증언록 100권의 발간에 동의하고, 바쁜 일정에도 출판 실무를 기꺼이 맡아주신 한울엠플러스(주)에도 감사를 드립니다. 이 외에도 많은 개인과 단체가 직간접적으로 많은 도움을 주시고 격려해 주셨습니다. 여기에 모두 밝히지 못하는 것을 죄송하게 생각합니다.

　말할 필요도 없이, 가장 크고 또 가슴 아픈 감사는 구술자 한 분한 분께 드리고자 합니다. 이 책이 발간될 수 있었던 것은, 무엇보다 용기를 내어 아픔과 고통의 기억을 다시 떠올리고 장시간 진심으로 이야기를 해주신 구술자가 있었기 때문입니다. 오랜 시간 이야기를 나누며 함께 공감하기도 했지만, 그 아픔과 고통을 어떻게 가늠할 수 있을까 싶습니다. 더 큰 도움이 되지 못함을 안타까워하며, 이 구술증언록 100권의 발간이 피해자분들에게 조금이라도 위로가 될 수 있기를 기원합니다.

2019년 4월

4·16기억저장소 구술팀 책임자
서울대학교 인류학과 교수 이현정

차례

■ 3회차 ■

■ 4회차 ■

승희 아빠 신현호

구술자 신현호는 단원고 2학년 3반 고 신승희의 아빠다. 2녀 중 막내로 자라난 승희는 선생님이 되고 싶은 꿈을 가지고 있었으며, 우수한 성적으로 받은 장학금을 부모님의 결혼 기념 여행에 보탤 정도로 속 깊고 사랑이 많은 아이였다. 아빠는 4·16가족협의회 추모분과 간사를 맡아 열심히 활동했으며, 지금도 진상 규명이 되는 그날까지 모두 함께할 수 있도록 가족들을 부지런히 다독이며 만나고 있다.

신현호의 구술 면담은 2015년 12월 7일, 18일, 28일, 그리고 2019년 1월 30일, 총 4회에 걸쳐 5시간 30분 동안 진행되었다. 면담자는 윤보라·김익한, 촬영자는 김항수·윤보라·강재성이었다.

구술자 본인의 프라이버시나 제3자의 프라이버시를 보호해야 할 부분을 제외하고는 구술자의 발화를 있는 그대로 전사했다.

1회차

2015년 12월 7일

1
시작 인사말

면담자   본 구술증언은 4·16 사건에 대한 참여자들의 경험과 기억을 기록으로 남김으로써, 이후 진상 규명 및 역사 기술에 기여하고자 합니다. 지금부터 신현호 씨의 증언을 시작하겠습니다. 오늘은 2015년 12월 7일 월요일이며, 장소는 안산시 정부합동분향소 내 불교방입니다. 면담자는 윤보라이며, 촬영자는 김향수입니다.

2
부모님의 안산 정착

면담자   1차에서는, 주로 이전의 삶이 어떠하셨는지 그런 이야기들을 편안하게 말씀해 주시면 될 것 같고요. 저희가 총 세 번에 걸쳐서 하게 될 텐데, 오늘은 그간 아버님께서 어떻게 살아오셨고, 또 승희 아버님 가족들은 어떻게 지내셨는지, 그런 이야기들을 중심으로 들어볼게요.

면담자   아버님, 계속 여기 안산 쪽에서 사셨었어요?

승희 아빠   아니, 저는 전북 남원 인월면 쪽에 있었죠. 거기서 태어났고, 거기서 고등학교까지 있었고. 그다음에 서울에서 3년 정도 회사생활 하다가, [아내와] 같이 시골로……. 단기 사병 거기서 또 1년 8개월 정도 근무하고, 그리고 이제 안산에 왔죠. 1994년도 2월 달 정도에 안산에 와서 아남전자에 취업을 하게 됐죠. 거기에 취업하면서, 아내는 전 직장에서 군 복무하기 전에 만나가지고, 군 복무하면서 서로 연락처를 주고받고, 그렇게 해서 동거부터 시작했어요, 안산에서. 서로 맞벌이하면서 살림을 꾸려가다가, 한 2년 반 정도 같이 맞벌이하다가, 큰애 ○○가 태어났고. 그래서 저쪽 선부동으로 이사를 갔죠. 거기서 집을 좀 늘려가지고. ○○를 낳고 아내는 집에 있고, 나만 회사를 다니고.

3
승희의 유년시절

면담자 큰아이와 승희는 몇 살 터울인가요?

승희 아빠 연년생이에요, 연년생…. 그렇게 자라고 있고, 애들도 잘 자라고. 또 고향에 있던 어머니, 아버님도 계속 쌀도 올려 보내주시고. 다들 그랬겠지만, 고춧가루부터 김치부터. 도시생활 하면서도 크게 부족함 없이 살았죠. 애들이 어렸을 때는 저는 조기축구회를 많이 다녔고, 가정에 조금, 주말에는, 주말에도 저희 아내는 밥해주기 바빴으니까, [내가] 축구하니까. 그렇게 애들이 자라면서 유치원도 가고, ○○하고 승희는 유치원도 연년생이기 때문에 같이, 같이 거의 다닌 거라고, 손잡고. 선부동 나나미술학원에 둘이 같이 손잡고 다니고. 그래서… 하여튼… 내리사랑인지 몰라도 큰아이도 이뻤지만 저는 작은애도, 승희도 무지 많이 이뻐하고. 거의 뭐 쪽쪽 빨았지 뭐. 너무 이뻐 가지고, 그 녀석들이…. 그래서… 선부동에 있을 때, 승희가 한 6살인가 됐었나요? 7살인가? 7살. 7살쯤 됐을 때 인라인을 언니랑 동네 주변에서 타고 다녔지, 애들이. 타고 다니면서 승희가, 골목에 책상 유리를 깨진 걸 세워놓은 곳에다가 동네 언니들하고 언니 뒤따라가면서, 끄트머리 따라가면서 그 유리에 무릎을 부딪쳐 가지고, 무릎을 아마 그때 한, 스물, 스무 바늘 정도 꿰맸던 것 같아요. 무릎 여기가 들렸으니까. 그래서 '아, 단독주택에선 안전상에도 문제가 있고 불안한 면이 있다'라고 그때 판단해 가지고, 그때 또 아남전자에서 연봉제를 실시를 한다고 그래서 퇴직금이 나오게 됐어요. 중간 정산을 하게 돼서 퇴직금하고 시골 부모님이 도와준다고 그래서, 선부동 수정한양아파트로 이사를 갔었죠. 18평을 샀었지. 그때 노무현 초기였던 것 같은데 그때 막차를 탔지. 그때, 18평[을] 9200 주고 샀으니까. 아이들도 엄청 좋아하고.

그러면서부터, 저는 어렸을 때부터도, 우린 시골 사람이다 보니까 형제도 많은, 3남 1녀 중에 큰형, 작은형, 내가 셋째, 여동생이 있고 그러는데, 그렇게 풍요롭진 못했어요, 굶진 않았지만. 그것도 중요하지만 아버님의, 아버지의 잔정이 좀 없어서 다른 친구들보다는 따뜻함이라든가 이런 거를 많이 못 받았어요, 솔직한 얘기로. 술 드시면 많이 혼내는 쪽이 많았고. 그래서 나는 '내 자식만큼은 저렇게 하지 말아야겠다, 나는 술 먹어도 자식한테 아버지처럼 저렇게, 따뜻하게 대해주지 않고, 욕하고, 자기 기분 내키는 대로 뭐라 하시는 거, 그러지는 나는 말아야겠다'. 저는 그 두 가지를 생각했어요, 아이들한테. 그래서 아이들이 유치원 때부터도 자라면서도, 음, [제가] 집에서도 잘 놀아주는 쪽에 속했어요. 그리고 아이들이 유치원 때부터 편지, 글씨 쓰기부터 편지 같은 거를, 제가 직장생활 하면서 조직[에 대해] 잘 아니까 파일철을 두 개를 준비해 가지고 ○○ 것, 승희 것을 [만들어주었죠]. 맨 처음에 "아빠 사랑해" 이런 편지부터 모으기 시작한 거예요. 그러면서 상장도 많이 모았었고, 계속. 그리고 사진도 있겠지만 같이 서로 얼굴에 그림도 그려가면서. 말도, 말 타는 것도 무지 둘이 좋아해 가지고, 거실에서 부엌까지 그냥 두 다리로 뜀뛰기 하면서 태워다 주고 그랬는데. 그렇게도 많이 놀았고, 숨바꼭질도 많이 좋아했고 애들이… 그래서 제가……(침묵). 나는 아버지한테 그러지 못해서……(침묵). '추억을 많이 남겨줘야겠다' 그래서 애들이 어렸을 때 쓴 편지나 이런 것들을 모으고, 사진도 많이 찍고, 가족적인 면, 놀러도 다니고…(울음).

그렇게 계획한 대로, 크게 풍요롭지는 못했지만 그렇다고 부족하지도 않았어요, 둘이 계속 맞벌이를 했기 때문에. 사람 욕심이 또, 아파트를 사다 보니까 좀 더 큰 평수로 가고 싶어 가지고 수정한양 25평을 더 계약을 했었죠. 25평을 계약을 했는데 양도세가 걸려 있어 가지고 [우리가] 10개월만 전세로 살겠다고 해서 10개월 동안 [살다가] 25평을 계약을 하고 기다리고 있는 중에, 집값도 많이 양쪽에서 올라가지고, 어떻게 보면 빚을 4, 5000을 낸다고 생각했는데 그게 없어진 거지. 그래서 25평도 잘 고치고. 아이들이 18평에 있다 보니까 자기 방이 하나씩 갖고 싶기도 하니까. 승희 방은, [승희가] 핑크색을 좋아해 가지고 승희는 핑크색 도배지하고. 모든 게 가급적이면 핑크 쪽으로 많이. 침대도 놓고 책상도 놔주고. ○○는 하늘색 쪽으로. 색을 서로 둘이 딱 꾸며줬지.

면담자　　　그때가 몇 년도였어요?

승희 아빠　　　그때가… (면담자 : 몇 학년 때쯤?) 초등학생 때였죠. 초등학교 3, 4학년 됐나? 그때 걔들이 7살, 8살 때 이사를 갔으니까. 한 3년인가 살고, 3년인가 살고 이사를 갔으니까. 그렇게 해서 서로 방을 꾸며줬더니, 이제는 뭐 둘이 떨어져서 자라고 했더니 또 못 잔다는 거예요, 둘이. 무섭다고. 그래 가지고 침대를 1인용으로 놨는데 둘이 또 그 좁은 침대에 둘이 부둥켜안고 자는 거야. 참 내가… 이렇게 틀리구나, 애들이. 생일 때만 되면 승희가, 하여튼 애들이 주도적으로, 생일 때 아빠 생일이든 엄마 생일이든 언니 생일이든 꾸미는 걸 좋아했어요, 걔가. 챙기는 걸 좋아하고…(침묵) 나도 어렸을 때 풍요롭게 자라질 못해 가지고, '아이들만큼은 남하고 비교했을 때 뒤처지지 않게 키워야겠다' 싶어 가지고, 옷이나 뭐나 이런 거 다 무조건 '소이 아동복' 가서 무조건 사줬지, 애들 옷은. 승희가 피부가 까매 가지고 까만 피부랑 옷이 잘 안 어울린다고, 언니랑 데리고 가면 옷이 많은, 디자인이 많은 것도 아니니까 우선적으로 승희를 먼저 코디를 마치는 거지. ○○는 또 피부가 하얗다고. 흑과 백이에요, 우리 집 애들이, 딸이. ○○는 나 쪽을 좀 닮은 것 같고, 피부를. 지 엄마가 약간 좀 까무잡잡해 가지고 승희가 엄마를 좀 많이 닮았고. 그래서 항상 옷을, 똑같이 둘이 마음에 드는 옷이 있어도 언니 ○○를 잘 타일러 가지고, 승희가 우선 입어서 맞다 하면 승희를 먼저 입히고 그다음에 ○○ 것을. 걔는 피부가 하야니까 아무거나 잘 어울리더라고. 하여튼 아이들한테 들어가는 것만큼은 내가 보상 심리가 있듯이 다 잘해주고 싶었죠⋯. 그러면서 앨범도 한 장, 두 장 이렇게, 애들이 추억이 담겨지고 기록이 남아지는 것도 보면서 좋았고, 흐뭇했고. 그에 맞춰서 또 애들도 [잘 자랐어요]⋯.

　나는 초등학교, 학교 다닐 때 저는 정말 최하위였어요, 진짜로. 시골 완전히, 학교 가다가도 뒷동산에서 친구가 놀자고 그러면 학교 가다가도 중간에, 중간치기라 그러죠 중간치기, 중간에 빠져서 놀러 다니고 그랬어요. 학교를 잘 안 갔어요, 막 하고 싶은 대로 놀아가지고. 그래서 애들한테도 공부하란 소리를 그렇게 안 해요, 저는. 그런데도 불구하고 ○○랑 승희가 초등학교 때부터 편지나 상장 같은 걸 모아놓은 걸 보면, 나는 못한 거를 걔들이 하고 있으니까 너무 좋더라고, 이게. 상장이라 해봐야 우린 뭐 전근상 하나 못 탄 사람이니까. 너무 기특하고 너무 고마운 거예요, 그게. 상장이 좀 흔하게 나온다곤 하더라도 보면, [미니] 풍력기도 자기가 어떻게든 만들고, 만들기나 글 쓰는 거나, 세부적으로 아기자기하게 여러 가지로 이렇게 [상을] 타니까, 참, '다각도로 이렇게 우리 아이들이 조금씩은 소질이 있나 보다' 그런 것에서 좋았죠, 기분이(침묵). 그렇게… 수정아파트에서 그렇게 참 오순도순 생각했던 집의 크기에서 정말 남부럽지 않게 좋았죠, 그때는.

아 여행도 좀… 저 같은 경우는 개구쟁이 친구들이[랑] 친해 가지고, 남자 친구 애들이 한 여섯 명 정도 있어 가지고, 불알친구라고 하기도 하고, 그런 친구들이 계를 만들어가지고 계속 만나왔어요. 친구들도 다들 그렇게 부족함이 없이 그래 가지고, 한 친구는 여행사 쪽에 근무를 하게 됐고, 한 친구는 부동산학과를 나와가지고 부동산 컨설팅 쪽에 있어가지고 돈도 잘 벌고, 또 하나 친구, ××는 원광대 수석으로 들어가 가지고 한의사로 있고. 친구들 모임들이 좋았어요. 그래서 "우리, 언제 어디로 강원도 가자" 그러면, 친구들이 군대에 있을 때 애들이 많이 갔었죠. 면회도 강원도로 많이 가서 하룻밤 자고 오고. 그리고 결혼하고서도, 서로 결혼하고서도 부부끼리도 계속 만났죠. 아이들은 또 아이들대로 같이 펜션 하나 잡아가지고 같이 놀고, 1박 2일 한 번 놀다 오고. 한번은 초등학교 한 5학년 됐을라나? 그때는 "필리핀 쪽으로도 한번 놀러 가자" 그래 가지고, '여행을 가자' 하면 우리는 정말 말 그 자체로 추억을 서로 담고 오는 거니까. 아이들도, 제 친구들은 아이들이 한 친구만 비슷했고 나머지는 결혼을 늦게 해가지고, 막 걸어 다니는 두 살, 이래 가지고, 그래도 우리 아이들은 한 5학년이고 '이 정도 되면 [아이들에게도] 추억으로 남겠다' 그래서 필리핀 쪽으로 3박 4일인가 갔었죠, 호텔을 잡아서(침묵). 나는 스킨스쿠버 다이빙을 한 번도 안 했는데 거기서 그것도 한다고 그래서, 나는 장난으로 "나 바닷속에 들어간다, 누구 해볼 거냐?" 그랬더니 아, 너무 승희가 자신 있게 해보겠다는 거. 동생이 한다 하니까 ○○도 해보겠다 그래서 얼떨결에 나도 따라서 교육을 받고 하면서, 아이들이 하나둘 바닷속에 들어가서 한 30분인가 있었나, 20분 있었나. 너무 잘하더라고, 애들이. 용기도 있고. 그런 추억도 담고(침묵).

면담자 아이들이 많이 좋아했겠어요. 그렇게 부모님이랑 같이 여행도 많이 다니고.

승희 아빠 그래서인지 몰라도 애들이 좀… 나가서, 애들 데리고 나가면 다 자기 자식 이쁘겠지만, 애들이 예의가 발랐어요, 인사성도 좋고. 시골 가면 할아버지가 엄청 무서우니까 다른 조카애들은 할아버지한테 가지도 않고 그래요, 애들이. 근데 승희는 눈치도 많고 그러니까, 어떻게 하면 내가 이쁨받을지를 아니까, 할아버지한테도 막 뛰어가서 안기면서 "사랑한다" 소리도 잘하고. 그래서(침묵) 우리 아버지가 엄청 좋아했어요(울음). 아들을 원했지만 그래도 이쁜 손주들이 좋아서 진심으로 예뻐하는 모습을 보이더라고. 좋았죠(침묵).

〈비공개〉 승희도 싸울 때가 있으면, 둘이 투닥 소리가 나면 둘을 불러요. 불러가지고 둘을 앉혀놓고, 뭐에서 뭐에서부터 시작이 된 건지, 뭔 일 하다가 서로 말다툼이 되고 그랬는지를 먼저 묻고.

그러면, 예를 들어서 어떤 물건을 먼저 갖고 놀았다 그러면, 언니가 힘으로 땡겼다 이거지. 자기가 먼저 집었는데 언니가 힘으로 땡겨서 그랬다고. 그래서 자기가 언니한테 가서 물건을 뺏으면서 이렇게 손으로 밀쳤다고, 이렇게. 우리는 얘기하면서 그러지. "승희가 이거를 먼저 집었으니까 언니가 좀 기다렸어야 됐는데, ○○네가 힘으로 뺏은 거는 네가 잘못한 거다". 또 승희는, "언니가 비록 또 뺏었지만 네가 언니한테 손을 먼저, 때린 개념이 있으니까 그건 나쁜 것이다. 사람을 때린 거는 그 무엇과도, 그것을 잘했다고 볼 수 없다". 그래서 그런 식으로 말로 싸웠을 때는 말이 어디서부터 어떤 억양과 단어를 써가지고 상대방 기분을 나쁘게 했는지를 짚어주고, 혹시 서로 손찌검을 했을 때는 먼저 때린 사람한테 [잘못했다고 말해주고]. 그런 식으로 저는, 심판 역할을 잘했는지는 모르지만 잘했다고 생각을 해요(웃음). 그러니까 승희는 무슨 일이 생기면 아빠를 불러요. "아빠!" 불러요. 그러면은 "왜?" 그러면 "언니가 뭐, 뭐 한다" 그러면 심판을 봐달라는 거예요, 그게. 큰 거 아니다 싶어서 무시하면 서운하다 그러고. "몇 번 불렀는데 아빠 너무한 거 아니냐" 이렇게 얘기를 하고. 그러면 가서 한번 따져 물어보고. 그래서 그거를 좋아했어요, 굉장히.

그리고 수학여행 가기 전에는, 애들이 한번은, 내가 사진을 찍어놓은 게 있는데, 둘이 웃는 모습도 찍어놓은 게 있고. 최근 승희가 없는, 그게 마지막 싸운 거지, 그게. 그때 내가 요만한 보드를, 애들이 거기다 그림을 잘 그리곤 했는데, 둘이 싸운 거예요. 그래서 둘이 앉혀놓고 보드에다가 승희 이름 써놓고 ○○ 이름 써놓고, 회사에서 뭐 하는 것처럼, 점 찍어가면서, "언니한테 서운한 게 뭐가 있었냐" 쓰면서(웃음). "○○는 또 승희한테 서운한 게 뭐냐" 이게 서로 행동으로 치고받고 한 게 아니라, 서로 그동안 쌓였던 감정으로 서로 말싸움이 일어나 가지고 서로 울더라니까. 서로 울고. 이거는 뭘로, 한 건으로 인해서 [싸우거나] 그런 게 아니고, 서로 묵혀왔던 게 싸운 거라는 걸 알고서, 그래서 칠판에 내가 두 개를 써 가지고, 한 사람 한 사람, "야, 언니는 너한테, 너의 문제점을 뭐라고 생각하고 그래서 서운해하더라", 또 언니한테도 그런 식으로 해 가지고 서로 화해를 시키고. 그게 아마… 승희가 있을 때 마지막 싸움이 그거예요, 언니하고.

면담자   어머님도 아버님처럼 다정한 성격이세요?

승희 아빠   아이고, 어머니는 뭐, 우리 아이 엄마는……. 예를 들어서 학원에서, 애들 다 기본 학원 다니잖아요. 기본 학원 가면, 거기에서 시험반이 되면 원래 10시까지인데 11시까지 붙잡고 있는 거예요, 학원에서. 자기들도 어떤 성과가 있어야 되니까. 어느 날은 이렇게 있는데, "어? 왜 안 오지? 안 오지?" 10시 넘으니까. 11시가 되어도 안 오니까 학원에 전화를 한 거예요, 승희 엄마가. "아유, 애들이 지금 11시가 되었는데도 안 왔다"고. 그러니까 학원에서 "아, 시험 기간이라 11시까지 공부하고 보낼게요" 이런 소리 하니까, 아니라고, 아니라고. 아이들을 뭐 그 시간까지 공부시키느냐고, 집에 보내달라고. 승희 엄마 그런 스타일이에요. 애들이라고 하면 벌벌거려요, 그쪽도. 공부가 우선이 아니에요, 그쪽은 또. 저하고 비슷했어요. 저도 막 공부해야 된다, 뭐 해야 된다, 이런 쪽이 거의 아니었으니까. '참 보기 드문 엄마고, 참 보기 드문 아내다' 이런 생각을 제가 했죠. '내가 하는 반이라도 [공부] 좀 하라고 그러지' 그런 생각 든 적이 있었는데.

그래서 하여튼, 아이들한테 그렇게 챙기고, 모든 엄마가 그렇듯이 우리 아내도 아이들에 대한 사랑은 정말 열정적이고. 애들 어디 간다 하면, 양말, 팬티에서부터 하나하나, 하나하나. 가방, 학교 가는 가방도 뭐 챙겼는지 하나하나, 화악 챙기는 사람이었어요. 그걸 승희가 배웠더라고. 〈비공개〉 승희는 엄마가 한 게 있어 가지고 [보고 배워서] 속옷부터 다 봉다리 하나, 하나하나 다 챙기더라고요, 애가. 내가 엊그젠가, 저는 4·16 클럽 축구도 하는데, 팽목을 다녀왔어요, 저번 주에. 그래서 내가 짐을 다 챙겨놨죠. 내가 하나를 빠뜨린 게, 1박 2일인데 속옷은, 다음 날, 일요일 날 운동이니까 안 챙겼어요, 내가. 그리고 나머지는 다, 양말 따로 봉다리에 넣고, 수건 따로 다 내가 챙겼다고. 그리고 팽목을 가서 가방을 여니 뭐 시커먼 게 있는 거야, 봉다리 하나가. 이거 내가 싼 봉다리가 아닌데. 보니까 내 속옷이 들은 거여(웃음). 승희 엄마가 언제 들춰보고, 다 확인하고 빠진 걸 그걸 딱 넣은 거야. 아 참, 내가, 분명히 내가 다 챙겼다 했는데도 그런 세밀함이 있다고, 승희 엄마가. 그러니 아이들 챙기는 건 뭐, 말도 못 하지. 새 학기 되면 공책 사러 가기 바쁘고, 같이 가가지고, 애들 데려가서, 애들이 좋아하는 색상 노트 어떤 거사는 게 좋은지 과목별로 구분해서, 디자인별로 해서 사주고. 하여튼 우리 승희는, 엄마가 그런 점이 있다 보니까…(침묵)(한숨).

면담자 어머니를 많이 닮았나 봐요, 승희가.

승희 아빠 (침묵)(한숨을 쉬며) 그리고 우리 부부는 그렇게 트러블이 있었던 적은 없어요. 그런데 사소한 거 가지고, 사소한 거 가지고 서로 의견이 부딪칠 때가 있으면, 내가 답답해서 나가게 되잖아요. 저기 뒷동산이나 이렇게 한번 돌라고 나가면… 조금 시간이 어느 정도 흐르면 승희한테 메시지가 오죠. "이렇게 금 같은 주말에, 아빠 그러기야?" 하면서, "웬만하면 빨리 들어오지?" 막 이런 식으로. 걔가 중간 역할을 엄청 많이 했어요. 언니도 뭐라 그러면 지가 중간에서 눈치껏 또 챙기고……(한숨). 우리 집에선 없어선 안될 애였어요, 진짜로(한숨)(울음으로 잠시 중단).

4
승희의 학창시절

승희 아빠 어쨌든 초등학교는 다 그렇다고 생각을 했는데, 중학교에서는, 학업성적은 그냥 '남들 하는 만큼 그냥 한다' 이런 생각이 들 정도로, 성적표나 이런 게 나오면 그렇더라구요. 〈비공개〉 승희는 조금 상위권에 있었어도 상위권에서도 밑이라는 생각을 했

었죠. 근데 애가 중학교 3학년 때. 많이, 뭐라고 얘기를 하냐면, 애
는 중학교 때부터 이야기를 하더라고요, 지가 경쟁 상대가 있다고.
'쪼끄만 새끼가 무슨 그런 얘기를 하는지', 나는 별로 대수롭게 생
각 안 했어요. 그냥 조금 잘하는, 예를 들어서, '9등이 8등 잡을라나
보다' 이런 생각을 했었지. 근데 애가 중학교 때 고민이 뭐였었냐
면, 중학교 3학년 때 애가 성적이 좀 상위권에 있으니까 안산에서
그래도 낫다는 동산고를 권했어요, 저는. "잘하는 쪽 아이들이 있
는 데 가서 거기서 해봐라" 저는 그렇게 권했었고, 승희 엄마도 저
하고 의견이 같았고.

　원곡고등학교도 그래도 잘하는 아이들이 많았었는데, 그쪽은
승희 엄마가 반대를 했어요. 승희의 절친이 원곡고등학교를 간다
고 그래 가지고 그쪽도 얘길 했었는데, 〈비공개〉 결론은 승희가 내
렸는데 승희가 설득하기를, 자기가 자신감 있게 공부를 하기 위해
서는, "아빠, 잘하는 데 가서, 중간에 가서 끼겨가지고, 이 눈치 저
눈치 보면서 스트레스받아 가면서 하느니, 그거보다 좀 하위 단계
인 학교를 가가지고 상위권에서 자신감 있게 공부를 하면서 자기
길을 가는 게 훨씬 좋을 거다"라고 그렇게 우리를 설득하더라고요.
단원고 그 정도 수준이면 된다, 자기가 그러면 목표하는 대로 갈
수 있겠다 그래 가지고, 마지막 쟤가 최종으로 그렇게 얘기를 하니
까 그게 맞겠다 생각해서, "그래, 네 뜻이 그러면 단원고로 입학을
해라" 그래서 단원고로 입시를 넣었었던 것 같아요.

　단원고 쪽으로 가다 보니까 선부동 이쪽이라서, 친구들이 그렇

게 흔치 않았나 보더라고, 처음에. 그런데도 애가 붙임성이 많고 싹싹하고 그래 가지고, 그나마 같은 원일고등, 원일중학교 나온 애들 찾아서 만나고 친구도 사귀고 그랬었나 봐요. 중학교 때 승희 절친은 한 명, 두 명. 두 명이 지금 같이 희생됐고. 그 두 명은 2반에 혜선이, 그다음에 1반에 조은화. 은화가 지금 아직 안 나왔죠. 은화가 절친이었어요, 절친이었어요. 내가 출근할 때만 해도 걔가 21층에 살고 우리가 15층에 살면, 15층에서 [내가 엘리베이터를] 타면, 걔가 항상 서 있었으니까. 걔도 숫기가 있어[없어] 가지고 제가 번호 있는 데서 이러고만 있으면 은화가 이야기하면 인사하고. 은화가 항상 1층에서 먼저 기다렸던 것 같아요, 항상. 그다음에 승희가 뒤따라 내려가서 같이, 1학년 때. 은화도 공부를 잘했어요. 아마 중학교 3학년 때까지만 해도 아마 은화가 승희보다 더 잘했을 거예요. 승희가 나한테도 한번 얘기했었어요. "은화가 공부 잘하고, 하여튼 아빠, 나도 더 잘할 수 있도록 할 거야, 꼭" 아주 당차게 이야기했어요.

단원고를 들어가고, 공부가 중학교 때 하는 공부하고 다르게 하기 시작하더라고, 고등학교 1학년 입학하자마자. 공부를 너무 열심히, 학원도 열심히 하고. 승희는 기본 과목만 학원 보내고 과외 이런 건 생각도 못 했어요, 솔직히. 왜냐면 ○○ 쪽으로 쏠렸지. ○○만 [과외를] 시키다 보니까 '승희는 알아서 하겠지'라고 시간을 두고 보는 거고. ○○가 더 앞서가니까. 시험 보는 날이 다가올수록 애가 잘하고, 그래도 자기 방에서 공부하고. 우리는 12시 넘으면 들어가서 자니까. 어느 날은 일어나 보니까 방에 불이 켜져 있더라고요. 새벽 4시가 됐는데도 공부를 혼자 하고 있더라고. 그래서 '야, 이게 뭐냐 이게' 참, 상상을 못하는 일이지, 나는. 우리는 뭐 시험 기간에 책 이렇게 보다가, 책만 보면 잠들어서 나는 잤는데, 그 나이 때. 아, 이 자식이 어디서 나온 자식인지 참. 내가 농담 말로 승희 엄마한테 그랬어요. "얘는 좀 얼굴도 시커멓고 이래서 DNA 검사도 좀 해봐야 된다, 나 닮은 구석이 없다", 제가 장난 반으로 많이 그랬어요. 정말, 뭐라 나무랄 데가 없더라고요. 그래서 "야, 너 지금까지도 공부해? 자야지" 하니까 "어, 아빠 걱정 마, 걱정 마. 들어가서 자, 자" 그래도 나는 관심을 좀 안 가졌어요. 그냥 뭐 적성검사니, 시험 보고 나면 성적표 나오고 그러면 그냥 뭐… 그냥 '잘하나 보다' 이 정도만 생각했지. 2학기 때 가서도 고등학교 1학년 2학기 때 가서도 계속 열심히 하더라고요. '쟤는 지 언니보다는 좀 더 빨리, 목표를 세우나 보다'라고 생각했죠]. 아니 세상에 무슨 고등학교 1학년이 진로를 고민을 하는 거예요. "아빠 나 이번에 적성검사가 이렇게 나오는데 경영학과가 맞대" 그래서 "무슨 경영학과냐?" [했더니] 자긴 선생님 쪽으로 되려고 하는데 자꾸 적성검사는 경영학과 쪽으로 나온다는 거야. 그러면서 막 고민을 하더라고. 저한텐 이해가 안 가는 거거든요, 항목이. 무슨 고등학교 1학년이 과를 고민하고 있어서. 〈비공개〉

승희가 2학기 땐가, 2학기 말인가 성적이 좀 잘 나왔다고 그래서 '아유, 잘 나왔나 보다' 이렇게 생각을 했는데, 수학여행 가기 전인가, 계획도 없던, 암튼 장학금을 받게 됐다고 그래 가지고 "야 무슨 소리냐, 네가 무슨 장학금이냐" 했더니, 자기가 아무래도 이번에 전교 2등을 한 것 같대. 그래서 "야, 그럼 2등도 장학금 주냐?" 그랬더니, 안산에서 애향장학금이 나오는데 그게 원래 1등만 주는 건데 다른 장학금이 추가로 나와가지고 자기가 받게 됐다는 거예요. 저는 깜짝 놀랐죠, 그때만 해도. 한 학년 장학금으로 해가지고 수업료 면제해서 나온다니까…. 그래서 그게, 수학여행 가기 전에 한 번 나왔던 것 같은데, 1학기분인가? (면담자 : 기특하셨겠어요) 아유, 진짜 상상을 못 했죠. 저하고는 완전히 하늘과 땅이었으니까, 어떤…….

면담자　　　승희가 선생님 되고 싶어 했나 봐요?

승희 아빠　　　네, 그랬었어요. 그래서 성적, 그 적성검사가 자꾸 나오면서 경영학과 쪽으로, 자꾸 이야기를 나한테 몇 번을 했어요. "야 무슨 경영학과냐, 무슨 경영학과냐" 계속 몇 번을 나는 거부감 있게 이야기했는데. 그런 상황이었어요.

면담자　　　뭘 제일 좋아했어요, 승희가? 무슨 과목을 제일 잘하고?

승희 아빠　　　승희가 제일 잘한 건 영어, 영어를 제일 잘했던 것 같아요. 학원에서, 온라인에서 단어 같은 거 테스트 같은 거 많이 하더라고, 학원에서. 그런 사이트를 들어가 가지고, 그게 전국에 학생들, 가입된 학생들이 거기에 있는 거, 단어 암기라든가 이런 것들, 시간 내에 입력을 하고 뭐 그런 테스트가 있는데, 그런 데서도 상품권을 받고 막 그러더라고, 걔가. 걔가 그렇게, 그리고 중학교 때만 해도 한 3000 단어 이상이라고 나왔었으니까. 하여튼, 영어 쪽으로, 영어를 더 잘했던 것 같아요. 영어는… 집에 있는, 집에 러닝머신이냐[에] 보면은 거기 단어장이 이렇게 요만한 것이 붙어 있더라고, 보니까. 단어가 막 기술이 되어 있고, 또, 그놈아 책상에 보면 스탠드에도 붙어 있어, 단어 같은 게. 그다음에는 수첩, 지가 작성을 해가지고 수시로 넘겨가지고 보고 그러더라고. 그러니까… 내가 고등학교 과정하고 해온 거하고, 우리 딸 승희가 해온 과정을 보면 정말 나하고는 완전히 180도 틀려버리니까. 그놈 하는 거 보면 살맛이 났었어요, 진짜로. '야, 어떻게 나한테 이런 자식이 나올 수 있나' 그래서 내가 '과분하다' 그런 말을 많이 했어요, 내가. 승희 엄마한테도 그러고. '참, 나한테 과분한 딸이 이렇게 태어났구나……'(한숨)(울음).

그래서 그때 상반기인가 하여튼, 학기 장학금이 나왔어요. 그때 한 60 얼마인가 나왔던 것 같아요. 그래서 내가 '야, 이걸 어떤 목적으로 써야 되겠나, 야, 우리 승희를 기를 살려줘야 되겠다'. 그냥 평범하게 어떤 생활비로 쓰고 그런 거보다는, '어떻게 하면 승희가 기쁨을 나눌 수 있고 자기가 뿌듯함을 느낄 수 있는 방법이 뭘까' 나름 생각을 해보니까, 자기로 인해서, 저는 애들한테 큰애 ○○가 많이 힘들어할 때, 사춘기고 공부하기 힘들어할 때 내가 ○○한테 세 가지를 이야기한 게 있어요. 그게 뭐냐면 "○○야, 너는 우리한테, 네가 [너의] 존재로 인해서 첫 번째로, 몇 가지가 있겠지만 첫 번째로만 해도 엄마, 아빠는 너에 대해서 만족하게 생각을 하니까 그게 건강을 지키는 거다. 네가 건강만 하나 지켜줘도 너는 우리 딸로서 다하는 거다. 아프지 말고 음식 잘 챙겨 먹고, 너 그렇게 안 하니까 엄마, 아빠가 뭐라 하는 거니까, 건강을 우선 지키는 게 너는 그게 딸로서 도리를 다하는 거다. 다른 거 다 못 해도 된다. 첫 번째가 그거다. 그렇게 해서 건강이 지켜지고 나면 그다음에 네가 해야 될 거는 가족을 챙기는 거다. 그다음에 가족을 서로 챙겨서 행복할 수 있도록 역할을 하는 거, 그거만 해도, 네가 하나 건강 지키고, 그것도 하나 더 해주면 그것도 고맙다. 우리는 더 고맙다. 거기서 네가 하나 또 할 수 있는 부분이 있다면, 노력하는 모습만 보여줘라. 노력하는 모습만 네가 보이고, 공부도 네가 노력했다 싶은데 그 정도면 아빠는 더 이상 너한테 욕심 부리지 않는다. 너무 부담감을 갖고 살지 마라" 그렇게 한번 얘길 했어요. 그 뒤로 ○○가 부담감을 많이 떨치고 걔가 하더라고 그렇게(침묵).

그래서 "그런 세 가지만 지켜줘도 우리 딸들은, 부모로서는, 다 한 거라고 생각을 한다"고(침묵). 그래서, 그러면, 건강 챙기고 가족을 위하는 길이, 그러면 가족을 위할 수 있는 길이면 뿌듯하지 않을까 그래서, 음, "승희야, 네가 장학금 탄 돈으로, 우리 외식을 한번 하자" 그래 가지고 저쪽, 고잔동 거기 한정식 집 '영의정'으로 갔어요. 그쪽에 가서 맛있는 음식을 시키면서 승희한테, "승희야 너로 인해서 우리가 이렇게 맛있는 음식을 먹는다, 고맙다" 이렇게.

34

승희 아빠 신현호

승희도 그때 굉장히 뿌듯해하는 것 같았고. 나머지는 그때 우리가 결혼 20주년이 좀 넘었을 때지, 그래서 1박 2일로 한 번 강원도 '썬크루즈'를 갔다 왔었지. 그것도 계획된 거였지만은 승희한테 그랬지. "너로 인해서 엄마, 아빠가 이렇게 한번 여행을 간다". 또 사실이었고, 그 비용으로 썼으니까. 그렇게 해서 '기를 좀 살려줘야 되겠다, 더 좀 동력을 불어넣어 줘야 되겠다'. 승희가 아마 굉장히 뿌듯해했던 것 같아요. 더 각오를 더 단단히 하고 자랑스럽게 생각을 하고(한숨).

면담자   승희가 주로 평소에 많이 즐겨했던 취미 같은 거 있었어요? 아까 그림도 되게 잘 그렸었다고.

승희 아빠   그림, 그림은 그냥, ○○ 언니가 그림을 그리니까 저도 스케치북에 그림 같은 거 그렸는데, 그걸 아주 잘했다고 할 정도는 제가 못 본 거 같고, 취미로 그런 건 많이 하는 것 같아요. 그리고 승희도 중학교 때는 그렇게 친구들한테 형식적이다가, 고등학교 때부터는 좀 친구들하고도 더 적극적으로 이렇게 좀 유대관계를 가지려고 노력을 많이 하더라고요. 그다음에 외모에 신경을 써가지고 맨날 베란다에서 줄넘기를 아주 뭐, 200개를 했네 몇 개를 했네, 어유, 깜짝 놀랐어요. 얘는, 참. 그거 듣고 내가 '아 요놈의 자식은 공부도 그렇게 날 새면서 하더니, 지 몸도 아주, 운동으로 하는 것도 [열심히 하는구나]'. 공부하면 운동은 좀 게을리할 수 있는데 '아, 얘가 뭔가를 계획을 하면 참 열심히 하는 놈이구나', 어떻게 참, 자식을 보면서도 참 신기하더라니까, 하는 짓이. 그리고 집에 있는 거, 자전거도 열심히 타고 그러더라고요. 애들이 굉장히 밝았어요.

면담자   둘 다? 승희, ○○ 다?

승희 아빠   네. 14년도 수학여행 가기 전에도, 내가 침대 맡에 누워 있으면 ○○랑 승희랑 둘이 와가지고 재롱도 하고. 너무 이뻐 가지고 내가 동영상도 찍어놓고. 둘이 막 멀쩡한 머리를 삐삐 머리로 둘이 이렇게 묶어가지고 나한테 재롱을 하는 거예요. 얼마나 [예뻤는지]. 누가, 고등학교 1, 2학년들이 누가 그러냐고…. 진짜 너무 이뻐서 쪽쪽 빨고 내가 했으니까, 맨날. 허깅도 많이 하지 우리는, 수시로. 차 타고 어디 가면, 내가 운전을 하면 엄마 조수석, 뒷자리에 승희가 앉고, 내 뒤에는 ○○가 항상 앉게 되지. 그러면 어디 잠깐 가도 나는 너무 이쁜 거야, 우리 딸들이. 그럼 오른손을 뒤로 내밀어 가지고 손을 내밀면, 자동으로 승희가 손을 내밀면서 잡아준다고. 그러면 자기가 뒷자리에서 등을 기대고 있으면, 아빠 운전하는데 힘드니까 기대지 않고 앞쪽으로 당겨 앉아가지고 아빠한테 손을 잡아주는 거야, "아빠 운전 조심해" 하면서. 그러다가 가다가, 운전 중에 앞차가 좀 급정거하고 차가 좀 불안하다 그러면 "아빠, 운전 쪽에 집중하고" 그렇게 조심스럽게 밀쳐내고 그랬었는데(한숨). 〈비공개〉

5
직장생활

면담자　　　승희 어머님은 집에서 계속 계셨고, 아버님은 계속 안정적인 직장에 다니셨던 건가요?

승희 아빠　　네, 저는… 저는…(한숨) 사건 날… 전에는 2014년도 말고, 2012년, 2011년까지는 제가 구매과장으로 있었어요. 구매과장으로 있다가, 그때 나이 40, 40 초반 됐을 때, 여러 가지 이유로 정리를 해야 될 필요가 있어 가지고 아내한테 내가 이야기를 했지. "회사생활을 좀, 밑에서 치고 올라오는 애들도 많고, 내가 회사를, 아무래도 밀려날 것 같다". 그때 저희 아내가, 저희 아내는 아이들 유치원 때부터 유리 쪽에, 유리 쪽에 있었어요. 유리 쪽에 경리 회계 업무를 했었다고. 제가 이제 직장을 마무리될 쯤 되니까 아내가 그러더라구. "기술을 좀 배워봐라. 사무직 쪽은 나이가 있어서 어디 가도 이제 안 되니까 기술을 더 해봐라, 유리 쪽으로" 그래서 "그것도 그럼 괜찮겠다. 그러면 그렇게 해보자" 그래서 아내가 다니는 회사 사장님을 만나고. 그 사장님은 걱정을 많이 했죠. "사무직에 있던 사람이 현장직에 와서 그러면 몸도 힘들 거고, 그게 되겠냐". 그리고 혹시나 와가지고 집안사람들이 [같이 일을] 하면, 혹시 가정불화가 있으면 회사에 영향을 미칠 수도 있으니까 걱정을 많이 하시더라고, 사장님이. 그래서 "저도 그 아남전자에서 생산직으로부터 시작해서 올라와 가지고 단계가 된 거니까 걱정 안 하셔도 된다" 해가지고, 그래서 2012년부터 일하게 됐죠. 유리 쪽은 좀 위험하니까 조심히 잘하면서.

거기서 맨 처음에, 업종 자체가 초보자니까 주임 직급을 주더라고. 주임으로 일하면서, 사장님이 "일단 한 달 정도 지켜보자" 그래서 주임으로 있었지. 근데 생각보다 몸이 민첩하고 잘하니까, "아, 생각보다 잘한다" [해서](웃음) 사장님이 바로 아마 한 달, 한 달 월급 받기 전에 바로 임금 인상을 바로 해주더라고. 맨 처음에 아주 초급으로 쳐줬는데 해보니깐 오늘 내일 틀리니까 월급, 첫 월급 주기도 전에 또 올리신 거야. 그리고 또 몇 달 안 있어서, [내가] 습득력이 좀 빨라서 그런지 몰라도 한 1년 즈음 됐을 때 대리로 진급을 시켜주더라고. [그곳이] 유리제경소인데 유리가 원판이 오면 그 원판을 재단을 하는 거예요, 재단도 하고 가공도 하고 여러 가지 모양을 수동으로 만드는 거지. 수작업도 많고 기술이 좀 필요하니까, 1년 지나서 재단도 좀 하고 그러니까 사장님이 과장으로 또 진급을 해줬었죠, 그때. 재단 쪽 과장으로 잘하고, 하고 있었죠. 2년, 2년이 딱 됐을 무렵이지. 2년이 딱 되고 4월 달 됐을 때도, 그때도 아무 일 없이 나는 현장에서 아내는 사무실에서 일하고 있었는데, 아내가 급히 막 현장에 막 뛰어왔더라고요.

6
사건 소식 접한 직후에서 진도 도착까지

면담자   아침에요?

승희 아빠   네. 그때 시간이 9시 50분쯤이나 된 것 같아요. 인터넷, 승희가, 인터넷 쳐보라고. 그래서 급하게 전화를 했는데 전화를 안 받더라고요, 승희가. 나는 혹시나 승희 엄마도 전화하면서 자꾸 같이 겹치니까, 안 터질 수 있으니까 [승희 엄마에게] "전화를 하지 마라" 그래 가지고 내가 전화를 했죠. 그랬더니 9시 57분인가 전화를 받았던 것 같아요. 그래서 "야, 승희야, 무슨 일이냐" 그러니까 "지금 배가 많이 기울었다" 그래요. "어디냐" 그랬더니 "옆에 문갑을 잡고 있다" 하더라고. "빨리 나와라, 밖으로. 나와야 된다" 그랬더니, "아니야 아빠, 걱정하지 마. 친구들도 여기 같이 있다"고. "야, 안 된다. 승희야 나와야 된다니까" 이렇게 하는데도 불구하고 애가 전화가 끊겼어요, 말하다가. 메시지가 왔는데, 그때 메시지로 서로 주고받은 게, 승희가 보낸, 서로 메시지를 주고받고 주고받고, 한 여섯 번 정도 했었지. 계속 "걱정하지 말라"는 거예요. 나는 "밖으로 나와야 된다" 문자를 또 보냈지. "절대 안 된다" 이거지 걔는, 또. "한 사람 움직이면 다 움직이니까, 절대 안 돼" 이러는 거야. 얼마나 화가 났는지, 내가 정말 쌍욕을 해서라도 나오게 하려고 전화를 했었는데 그 뒤로 전화가 안 되더라고.

   그 뒤에 핸드폰이 승희 것이 수급이 돼가지고 핸드폰을 살려서 보니까… 나는 진짜 [승희에게 제대로] 말도 못하고, 다른 부모들이 승희한테 전화를 해가지고 그래서 못 받은 거예요, 걔가. 걔한테 [전화를 한 거죠], 친구들이 전화가 안 되니까. ☆☆ 엄마도 그랬고, ☆☆ 엄마도 그러고. 승희한테 전화를 하니 받을 수가 있어야지, 애가. 나는 그때만 해도, 걔가 배를 많이 기울어졌다고 그래 가지고, 그놈아가 집에서 줄넘기, 자전거를 왜 탔냐면, 걔가 허벅지 힘이 장난이 아니야. 걔하고 나하고 장난을 치다가, 걔가 걔 두 다리로 내 배를 쪼인트 한다고 그러면 풀지를 못했으니까, 내가. 지지배인데도 내 배를 꽉 조이면 이걸 풀지를 못하겠더라고. 그래서 내가 "야, 너는 하체 비만이야". 다리도 굵기도 굵었지, 걔가. 그래서 걔가 더더욱 줄넘기라든가 자전거를 많이 탔다고. 걔는 '충분히, 충분히 애는 어떤 상황에서도 [탈출이] 될 수 있겠다' 싶은 거지 나는. 그랬는데 그 희망마저도, [소용없었다는 것을] 지나서 안 거지. 다른 부모들이 전화를 해대니 되냐 말이지 이게. 다른 부모한테 문자 보내고 있더라니까. "☆☆이 제 옆에 있어요. 걱정하지 마세요". 우리 반 ☆☆이 엄마한테 문자를 보내주고, 다른 엄마한테 전화받고.

내가, 내가 정말 솔직히 지금 입장에서 나는, 몰라 그때 가서 내가 쌍욕을 해서라도 나오라고 하면, 지금 따지고 보면, 그 상황이 어땠을지 어떻게 누가 아냐고. 그러나 많이 기울어서, 그거는 저쪽, 저쪽 선수 쪽이고, 그래도 선미 쪽은 칸칸이 있어 가지고 어떤 방법이 있을 수도 있지 않았냐는 거지, 나는. 다른 부모들한테도 솔직히 좀, 원망하면 안 되겠지만 거기에 대해서도 서운함이 많은 거예요, 내가. 부모로서 내가 통화를 못했으니까, 다른 아이들 때문에. 지금도 내가 승희 복원한 자료를 보면 그런 거야.

내가… 진도체육관에 가서 딱 도착을 해서 [보니까] 이거 뭐, 완전히 뭐, 난장판이지. 어떤 부모는 막 기자들 카메라 던지고 날뛰고 뭐. 진도체육관 정문 보니까, 혹시 우리 딸내미 이름 있나 싶어서 보니까 이름은 없고, 글씨는 삐죽삐죽 대충 갈겨 있지, 누구한테 물어볼 놈은 없지, 뭐 안내하는 놈들도 없지. 이건 진짜 어디, 어디에서 내 딸을 찾아야 될지, 어디에서 지금 덜덜 떨고 있을지. 체육관 안으로 당연히 막 들어가게 되더라고.

면담자 그날 아침에 어머님께서 인터넷 보시고 아신 거예요?

승희 아빠 그날 승희한테 전화가 온 게, 9시 20분인가 30분쯤에 먼저 전화가 왔어요. 지금 가고 있다, 제주도를 내려가고 있다고.

면담자 아버님, 이 이야기는 중요한 부분이어서 다음 주에 전날 학교 출발했던 것부터 해서 길게 저희가 들을 거라서요. 다음번에 그 이야기를 부탁드려요. 그러면 전날부터 팽목항에서 계셨던 것까지는 제가 다음 2차 구술을 할 때 상세하게 여쭙겠습니다.

승희 아빠 그래요, 저도 기억해 보고 자료도 좀 준비해 보고.

면담자 감사합니다. 그럼 오늘은 여기까지 마치겠습니다.

2회차

2015년 12월 18일

1
시작 인사말

면담자　　　본 구술증언은 4·16 사건에 대한 참여자들의 경험과 기억을 기록으로 남김으로써, 이후 진상 규명 및 역사 기술에 기여하고자 합니다. 지금부터 신현호 씨의 증언을 시작하겠습니다. 오늘은 2015년 12월 18일 금요일이고, 장소는 안산시 정부합동분향소 내 불교방입니다. 면담자와 촬영자는 윤보라입니다.

2
승희와의 연락, 진도 도착

면담자　　　지난번에, 사고 당일 날, 오전에 승희 어머님이 사고 소식을 먼저 듣고 아버님께 달려오셨다고 말씀하셨는데, 그때부터 말씀을 진행을 해주시면 될 것 같아요.

승희 아빠　　　그때 시간은, 승희 엄마가 나한테 얘기하기를 9시 한 20분경에 승희한테 전화가 왔다고 그래 가지고, "지금 제주도를 내려가고 있다", 그냥 엄마하고의 통화, 그런 통화를 한 번 했다 그랬고. 나는 이제 그 당시에 열심히 일을 하고 있을 때였는데, 아내가 급하게 나를 찾아왔더라고, 현장에. "지금 승희가 타고 있는 배가 지금 사고가 나서 계속 전화를 하는데 전화가 안 된다" 그래서 현장에서 빠져나와서 승희한테 통화를 하기 시작했어요, 제가. 그랬더니 몇 번 계속 통화 중이더라고. 그때 시간이 9시 50분, 한 50분부터 계속했던 것 같아요, 전화를. 통화가 된 게 9시 한 57분 정도에 승희가 전화를 받아가지고, 승희가 전화를 받았는지 나한테 전화가 왔는지, 하여튼 그때 통화를 했는데 "지금 배가 이렇게 많이 기울어져 가지고, 지금 친구들하고 같이 있다" 그래서 내가 "지금 배가 기우는 상황이면 밖으로 나와야 된다. 빨리 나와라" 그랬더니 "아, 아빠 걱정하지 마라"고, 지금 해경도 있고 친구들하고 같이 있으니 걱정 안 해도 된다고. 그래서 "야, 그래도 무슨 소리냐?" 하는 상황에서 거의 전화가 "걱정하지 말고"[를 끝으로] 다급하게 전화를 끊었어요, 승희가. 그래서 나는 그때 무지하게 화가 났어요. 그때 아빠가 이야기하는데 얘가 전화를 그 급한 상황에서 끊어버리고, 걱정하지 말라고만 [하고서] 끊어버리니까 다시 전화를 계속했었다고.

그래서 한참 동안을, 또 몇 분 지나서였는데, 한 10시, 10시 한 6분인가부터 그때 승희가, 문자가 온 게 있어요. 그때 승희한테 문자 온 게… (가지고 온 자료를 찾아보며) 음, 10시 1분에 왔구나, 10시 1분에. 내가 그러고 전화를 끊으니까 "아빠 걱정하지 마. 구명조끼 매고, 난간 잡고 애들 다 뭉쳐 있으니까. 배 안이야, 아직도 복도" 그리고 다시 "걱정하지 마" 하면서, 강하게 걱정하지 말라고. 그래서 내가 "승희야, 밖에 난간에 있어야 하는 거 아냐? 안에는 위험해" 그랬지. 그랬더니 "안 돼. 너무 심하게 기울어서 움직일 수 없어. 더 위험해, 움직이면" 그래서 내가 "구조 중인 건 알지만, 가능하면 밖으로 나와라" 그랬더니 승희가 "아니, 아빠. 지금 걸어갈 수 없어, 복도에서 애들 다 있어서. 그리고 너무 기울어져서" 그래서 내가 "가능하면 빨리 구조돼야 돼. 가라앉기 시작하면 급속도로 내려간다고" 그랬더니 승희가 "구조될 거야, 꼭. 지금은 한 명 움직이면 다 움직여서 절대 안 돼" 이게 마지막 승희 문자였다고.

면담자   그때가 몇 시쯤?

승희 아빠   마지막 문자는 10시 9분. 10시 1분부터 나하고 [문자를] 하기 시작해 가지고 10시 9분까지. 그래서 이 문자를 받고 또 화가 나가지고, 정말 쌍욕을 해서라도 애를 '정말 [나오게] 해야 되겠다' 그래서 난 배가 좀 기울어졌다 하더라도, 내가 볼 수 없으니까 [상황을 알 순 없었지만], 얘가 그 허벅지 힘이랑 얘가 좋다니까 진짜. 힘이 좋아 가지고 어떻게든 나올지는 나는 믿고 있었는데, 얘가 이런 식으로 "한 사람 움직이면 절대 안 된다"고 하니까, 계속 통화했는데도 통화가 안 되더라고. 그게 이제 마지막 승희하고 문자예요.

그래서 그 문자를 하고 나서 인터넷을 검색한 거야, 이 아내가. 그랬더니 사람들이 단원고로 가고 있다고 그러더라고요. 그래서 나는 망설일 거 없이 '나도 단원고로 빨리 가야 되겠다' 그래서 아내랑 둘이 단원고를 갔죠. 갔더니 '전원 구조'라 그래 가지고 거기 있는 사람들끼리 박수를 쳤지, 엄청. 서로 놀란 가슴 쓸어내리면서 큰 박수를 치고 있는데 갑자기 학생 한 명이, 희생자가 나왔다고 하니까 거기서부터 이제 분위기가 갑자기 샤아악 하고 달라지면서, 어떻게 된 거냐고 학교 쪽에 몰아붙이기 시작한 거지, 상황이 어떻게 되는지, 그랬는데, 대자보를 붙이는데, "학생들이 각 1반부터 10반까지 순차적으로 구조가 되고 있다. 그중에서 1반이, 1반이 전원 구조가 됐다"고 또 이런 말을 바꿔가지고, 학교 측에서는.

면담자　　학교에 계셨을 때?

승희 아빠　　네, 학교 강당에 있었을 때. 그다음에 2반. 2반도 뭐, 거의 뭐… 그때 과반수 이상이 계속 나오고 있는 중이라서, 우리는, 승희는 3반이었으니까, '아, 무난하게 나오겠다' 생각을 하고. 그때 걱정을 한 건 '얘가 그래도 추울 텐데, 얘를 [우리가 데리러] 가서 옷을 따뜻하게 해서 하고 데리고 와야 되는 거 아니냐, 아니면 여기서 기다려야 되느냐'. 나는 사람이 죽을 고비를 넘긴 상황인데 부모가 얼른 가봐야지, 그걸 어떻게 올라올 때까지 몇 시간을 어떻게 기다리냐 이거지. 내려가실 부모님들은 버스가 준비가 돼 있다 그래 가지고, 이것저것 따질 겨를도 없이 버스를 타고 내려갔어요. 버스 타고 내려가는데도, 학부모들이 별의별 소리가 다 들리는 거야, 지금. "전원 구조가 아니고, 지금 100, 170 몇 명인가가 구조가 됐다" 그러니까 또 다시 술렁거리고 난리 나니까, 어떤 부모가 또 "150명이 다른 어디 섬에 구조가 돼 있다". 그렇게 따지면 한 300명이 넘으니까, 그래서 버스 타고 가면서도 반신반의, '어쨌든 간에 구조가 됐겠구나' 하고 우리는 진도체육관에 내렸는데, 진도체육관

입구 전에 허름한 백보드 칠판이 있더라고. 거기에 학생 이름들이 써 있는데, 거기에서 먼저 승희 이름을 찾기 시작했는데, 승희 이름이 없더라고. 그래서 '야, 이거 뭐 어디 있겠지, 지금 오는 중이거나, 이런 상황이겠지' 하고 있는데.

면담자   체육관에 도착한 시간이 몇 시쯤이었어요?

승희 아빠   그때 시간이 한, 5시쯤인가? 날이 좀 어둡진 않았으니까.

면담자   가시면서 계속 인터넷 찾아보시고?

승희 아빠   인터넷 볼 상황도 아니었지, 그때는요. 아내하고 같이 갔는데 아내 막 계속 토닥거려 주고 이렇게 가는 입장이었기 때문에. 도착을 하니까 뭐 인솔자도 없고, 뭐 어디로 가야 될지도 모르겠고. 그냥 체육관 앞에 내려다 주니까, 그냥 체육관에 가면 혹시나 어떤 얘기를 들을 수 있을까 싶어서 자연스럽게 그냥, 자연스럽게 끌려가듯이 들어가는 거예요. 들어갔더니만, 좌우측에는 벌써 이런 장판 같은 거 쿠션 있는 게 다 깔려져 있더라고, 좌우측으로 전부 다. 누군가는 나와서 설명을 하는데 뭐 정신이 하나도 없더라고, 정신이 하나도 없어. 완전 전쟁 통이더라고, 전쟁 통. 들어가서 여기저기 내 자식이 어디 있나 서로 두리번거리고, 누구한테 물어볼 놈도 없고. 생존자들도 나는 그때 가서는 못 봤고, 누가 애들이 그때 있었다는데 벌써 올라간 건지 그것도 못 봤고. 그래서 나는, '이럴 때일수록 좀 차분해야 된다. 좀 정확한 정보를 들어야

겠다' 생각하고…. 차분한 게 참 멍청한 거였어, 지금 생각하면
(한숨).

3
진도체육관에서의 경험

승희 아빠　　나는… 회사생활을 조직적으로 해가지고 회사 조직
체계를 안다고, 지휘 체계를 좀 잘 알아요. 그래서 어떤 문제가 발
생이 되면 그 위에 책임자로부터 [지휘를] 해가지고, 마찬가지로 해
경도 청장 놈 있을 거고, 새 청장 놈도 있을 것이고, 그 위로 해수부
장관도 있을 것이고, 그 해수부 놈 위에는 또 안전처나 뭐 청와대
도 있을 거 아니요. 그럼 우리도, 회사도, 조직 체계면(한숨), 어떤
문제가 발생이 되면 거기에 대해 어디가 핵심인지, 해수부가 컨트
롤을 할 건지, 도대체 컨트롤이 누구냐 이거지.

　내가 생산관리에 있을 때는 여러 관리 포인트에 내가 생산관리
컨트롤을 한다고 그러면, 내가 캐치하고 있는 건 구매과도 내가 컨
트롤을 해야 되고, 자재과도 컨트롤을 해야 되고, 그다음에 생산부
쪽에도 컨트롤해야 되고, 영업 쪽에도 이야기를 해야 되고, 납기가
맞춰질 수 있는지 여부도 같이 검토를 해야 되고. 자재가 혹시 다
른 자재가 대용이 되면, 개발 쪽에도 연락을 해서 품질 쪽에 이상
없는지, 순간에, 그냥 순간에 메일로 다 뿌린다고, 순간에. "각 부
서 검토 바란다. 지금 이런 문제가 있으니까 몇 시에 만나서 여기

에 대한 대책을 논하자"라고 바로 들어간다고. 납기라는 것은 늦추면 그 바이어를 놓치는 거니까. 아니 납기를 못 맞추면 소득이 없는데, 기업이 소득이 없으면 기업은 죽는 거나 마찬가지거든. 그런 체계에 있다가 보니까, 가서 도청에서 보니, 나는 당연히, 당연히 이거는 한 회사, 조그마한 중소기업도 그러는데, 하물며 국가요, 국가. 국가에서 하는 일은 우리보다 얼마나 더 첨단 장비가 있겠냐. [하지만 실상은] 이건, 뭐.

　내가 이거는, 지금 생각해서 하는 말이지만, 그때 난 그때 마음은 그랬어요. 나는 정말 아무것도 아닌 그런 체계에서, 내가 뭔가를 움직여서가 아니라, '[내가] 차분해 주는 거. 그게 국가가 구조할 수 있는 역할을 [다하도록] 도움 주는 역할이다' 나는 그렇게 생각했어, 솔직하게. 나는 거기서 부모들이 막 뭐라고 설치면, 이 사람들이 [부모에게] 그 상황을 알려주다 보면 거기에 대해서 또 시간을 늦출 것이다 생각을 했어요, 진짜로. (면담자 : 그렇죠) 그래서 나는 그거를 믿고 정말 멍청하리만큼 차분하게, 나는 아내를 다독거리면서 기다렸다고, 그 체육관에서. 사람들은 별의별 카톡이 왔다고 그러면 또 큰소리로 다들 우왕[좌왕]하면서 누가 살아 있네……. 그때 가장 중요한 거는 구조가 어떤 식으로 되고 있느냐, 그게 제일 궁금한 건데, 이 새끼들은 나와가지고 한다는 소리가, 그 정보과장이라는 놈인데, 최선을 다하고 있다면서 부모들이 뭐라 하면 "아이고, 예예 최선을 다하고 있습니다, 아이고, 예예". 완전히… 뭐랄까 고개 숙인 놈한테, 웃는 놈 얼굴에 침 못 뱉듯이, 그것이 아무런 컨

51
2회차

트롤도 안 되는, 능력 없는 놈의 새끼가 떠드는 말이었는데, 지금 생각하면, 그거를 들어주고 안쓰러워하고 했었으니. 이가 갈려요, 내가.

그때 하루는 그렇게, 내가 진짜 참았었어, 그때는. 잠수가 들어 가야 되니 당연히 그러겠지 생각하고. 근데 하루, 그렇게 16일 저 녁이 지나가는데 개판인 거야. 아무리 생각해도 이건 내가 생각했 던 그런 체계적인 이런… [상황이 아닌 거지]. 말이 안 나오더라고. 예를 들어서, 지금 배가 어떤, 침몰이 됐으면, 몇 명이 몇 조가 어떤 방법으로 지금 몇 시에 투입이 되고 [있는지 알려줘야 하잖아요]. 근 데 없어. 그냥 "잠수부 몇 명이 몇 시에 들어갈 예정입니다" 대충, 대충 이런 식이에요, 그냥. 그런다고 우리가 물에 대해서 어떻게 아냐고. 그걸 믿었지. 그래 놓고 그 시간이 지나면, "잠수 기간이 짧아서, 가서 어떻게 뭐 그냥 외형만 보고 왔다" 그러고, "다른 장 비를 보완해야 된다" 그러고, 그렇게, 그렇게 그날 첫날 16일이 지 나갔어요.

다음 날 새벽 되는 날도 계속 요구를 했죠. "어떻게 됐냐? 너희 들 저녁 11시에는, 16일 저녁 11시에는 들어간다는데, 그러면 이번 에 새벽에라도 언제 들어가냐". 육지라면 육지를 쫓아가든 하겠지 만 이건 뭐 바다라니, 이걸 뭐. 더군다나 난 또 바다에서 안 살아봐 서, 육지에서 살아봐서 바다 상황을 전혀 모르니. 이거는 그런다고 옆에 아는 사람이 있어야지. 그다음 날인가는 정말 못 참겠더라고. 그 체육관 전면 쪽, 전면을 바라봤을 때 왼쪽에 상황실이라는 게 있었거든. 그래서 한번은 내가 계속 참다 참다가, 어떤 엄마들도 그러는 거야. "도대체 너희들 뭐 하는 놈들이냐" 진짜 우리한테 1분 1분은, 1분 1분이 정말 너무 긴 시간이거든. 근데 그 자식들은 우릴 그냥 1시간 2시간 그냥 앉혀놓는 건 보통이었으니까, 얼마나 속이 타겠냐고. 그러니까 엄마 한 분이, "저 놈의 새끼들이 저기 들어가서 도대체 뭐 하느냐"고. 그 말을 듣고 내가 열이 받아가지고 그냥 한번 뛰쳐 올라가 가지고 상황실에 가서 문을 빵 차고 열었어요. 당신들 지금 뭐 하는 거냐고. 문을 여니까, 그 장면이 지금도 딱 떠오르는데, 오른쪽에, 오른쪽에 경기도지사 했던 놈이 누구야 그거. (면담자 : 김문수요) 김문수, 그다음에 지금 도지사 남경필이, 그다음에 무슨 대한적십자 회장인가 문 오른쪽에 쭉 앉아 있고, 정보과장이란 새끼는 서서 핸드폰만 들고 왔다 갔다 하고 있고. [내가 묻기를] "당신 뭐 하냐"고. "지금 애들 구조 상황도 똑바로 [전달] 안 하고 뭐하냐"고 하니까, 부모들이 막 전부 상황실로 다 뛰어 들어가서 난리 쳤지. 그 새끼, 정보과장 새끼 뒷문으로 도망갔다니까.

면담자   그게 둘째 날에 있었던 일이에요?

승희 아빠   둘째 날이었던 것 같아요. (면담자 : 둘째 날 아침) 네 (침묵). 그렇게 또 하루가 지나가고……. 그때, 총리가 언제 왔었나 몰라. 총리 와 갖고도 물병 세례, 응, 엄청 맞았는데. 내가 바로 총리 앞에, 총리를 내가 가슴을 잡고 있었거든. 경호원들이 둘러싸여 있었고 내가 못 나가게 막았었다고. 물병이 총리한테 날아왔어요.

물병을 맞으니까 총리가 "에이씨!" 그러더라고. 바로 그 앞에서 들었지. 끝까지 못 나가게 미는데, 어디서 그 인원이 왔는지 몰라도 내가 이렇게 봤을 땐 정장 입고 경호원들 몇 명 안 보이는데, 어떤 힘이 나오는지 몰라도 계속 체육관 바깥으로 밀려 나가더라고. 첫째, 첫 번째 문 밀려 나가고, 계속 끝까지 밀었어. 두 번째 문 나가니까, 거기에서도 흐트러지니까 [총리가] 그냥 내빼더라고(침묵).

면담자   첫째 날 상황을 다시 한번 여쭤보면, 오후에, 저녁 전에 도착하셨는데 학부모님 말고는 관계자들이 이때까지도 거의 없었다는 건가요?

승희 아빠   없었어요, 없었어요. 관계자들이라는 놈들은 없었고, 해경, 해경 이상한 놈 한 놈 있고 양복 입은 정보과장 한 놈 있고. 둘이서 그냥 서로 주거니 받거니 마이크 잡고 엄한 소리 해대고, 자꾸. 그냥 막 뭔지 모르게 자꾸 [학부모들을] 안정만 시키려고 그랬던 거야. 계속 "네, 몇 시간 후에 뭐 합니다, 몇 시간 후에 뭐 합니다". 뭐 한다고는 하는데 그 시간 되면 뭐 때문에 못 했고⋯⋯ (침묵). 분위기는 완전히 체육관에 부모들을 몰아넣고, 바깥에 관중석에서는 완전히 삥 둘러싸서, 그냥 뭐 정말 죄수들을 가둬놓은 것처럼 꼼짝 못하게 우리가 있었던 것 같아요, 상황이. 그런 기분이 들었어요(침묵). 그렇게 무심한 놈들 진짜, 그렇게 대책 없고 그렇게 무심한 놈들은 내가 정말 처음 봤어, 처음 봤어(침묵). 그래서 결론은, 첫째 날은 자기들 말로는 30분짜리 [산소통 때문에] 잠깐 이렇게 둘러볼 정도밖에 안 됐다고 그러지. 둘째 날도 들어가는데 뭐 산소통이 어쩌고, 2개짜리를 매고 들어가는데 조류가 어쩌니 저쩌니. [구조가] 안 된다는 거예요, 그게. 사람이 생존할 수 있는 시간 72시간이, 그 시간이 이제 3일째 막 지나갈 때는 에어포켓을 또 이야기해 가지고(한숨). 나는, 나는 배가 이렇게 좀, 머리가 있었던 상태였었으니까……. 그것도 어떻게 되는 건지, 그러니까 도대체가 어느 머리에서 [구조 계획이] 나왔는지, 전문가가 누구냐 이거지. 전문가는 정부야. 정부에 속해 있는 해경 놈들 아니겠냐고. 뭐든지 [우리에게] 물어보는 거예요, 우리한테. "에어포켓이 있을 수, 있을 수 있을까요?" [하면] 있을 것 같기도 하고, [또] 어쩐다고 "이걸 해야 될까요, 말아야 될까요?" [하면] 그럼 부모들이 어떤 놈은 그거 말도 안 되는 소리라고 그러고, 어떤 사람들은… 완전 부모들을 분열시키는 거예요. [누군가는] "그래도 에어포켓이 있으면 살아 있을 수 있으니까 공기 주입을 해야 된다"고 그러고, 그러면서 시간이 지나가는 거야, 그냥. 그걸 누가 결정을 짓는 거냐고. 난 처음 봤어, 처음 봤어 진짜. 세상에 뭐 하나하나 다 물어보면서, 자기들이 알아서 결정을 해서 하는 게 아니라 "이거 이렇게 할까요? 저렇게 할까요?" 우리한테 물어봐서 하니 이게……, 전문가도 아닌 사람들한테.

그렇게 2, 2일째까지 산소통 가지고 잠수부가 들어가니 마니 그러고 이틀이 간 거예요. 그래 가지고는 "한 시간짜리 갖고는 감압을 해서, 1시간짜리 산소통 매고 내려가면 중간에 감압을 해야 돼서 시간이 지체되고, 하다 보면 그만큼의 시간이 [소요되기 때문에], 사실적으로 가서 보는 시간은 15분이다" 이런 식으로 이야기하고(침묵)(한숨). 나는 진짜 이틀째에 '아, 이 새끼들 정말 아니구나', 이건 진짜 전문가도 아니고 잘 아는 애들도 아니고. 다 우리한테 물어보니까. 이건 내가 그냥 살아만 봤어도 이건……, 조직에서도 응? 위에서 책임지는 사람들이 "야, 이 방법이 좋겠다, 이 방법이 좋겠다" 서로 논의해서 "이게 그래도 확률 50프로보다는 이게 10프로 더 많으니까 이 방법을 써서 하자", 그런 방법을 택해서 하는 게 기본인데 이걸 우리한테 "이렇게 할까요? 저렇게 할까요?" 하니 믿을 수가. 그때부터 나는 못 믿었지, 이틀째 되는 날부터. 에효, 참. 이틀도 지나가고 3일 째 되는 날 에어포켓 얘기하고, 빨리 공기를 넣어야 된다는 둥, 그리고 3일째를 맞이하는 거지. 3일째 저녁에 그거 갖고만 계속 싸운 거야. 개새끼들, 소새끼들, 뭔 새끼들, 너희가 사람 새끼냐…. 그렇게 3일째를 보내니까 아주 뭐 정신이, 혼이 다 빠져버렸다니까. 뭘 하나를 생각을 하고 가는 게 아니라 중간에 자꾸 화제를 터뜨리는 것 같아. 산소…, 잠수를 할 때 쌍끌이 이런 것을 사용을 해야 하니 [마니], 어떤 잠수법을 [써야 하니 마니], 우리한테 되려 잠수를 하는 교육을 하고 자빠졌더라니까? 이 잠수법을 써야 될지, 이 잠수법을 써야 될지.

그렇게 3일이 지나고 4일, 4일째 되는 새벽이었나? 정확히 내가 기억은 못하는데 새벽 한, 새벽 한 4시쯤인가 됐을 거예요. 새벽 한 4시쯤인가? 아이, 아이 삼촌이 자기 조카라고 조카[의 시신을]를 데리고 왔다는 거야, 팽목에서. 근데 체육관으로 데리고 왔는데 삼촌이 데리고 왔으니까, 자기 조카라지만 부모가 확인을 했는데 아니라는 거야, 자기 자식이. 그래서 체육관 마이크로 부모들이 다 확인을 해야 된대, 그 아이를. [신원 확인을 위해] 다 쳐다봐야 된대. 난 그래서 그때… 그 상황이… 너무 미치겠더라고, 진짜. '야, 내가, 그럼 이거를 [앞으로] 몇 번을 아이들을 내가 봐야 되나. 도대체 어떤 방법으로 승희를 찾아야 될까' 이게 앞이 캄캄하더라고. 그럼 사람들이 우우우우 그 새벽에 모두 나가서 자기 아이라고 찾았던 거지. 그때 나는 느꼈지. '아, 우리 승희가 살아 돌아오기는 참… 힘들겠구나'(침묵).

　　그때, 그때 '내가 마음을 좀 준비를 해야겠구나' 하는 생각이 들어가지고…. (울먹이며) 그때 큰애는, 우리 큰딸은 옆에서 자고 있었고. 아내랑은 같이 앉아 있으면서 이러다가 큰일 나겠다 싶더라고, 이러다가는. 나도 이렇게 무섭고, 이런 상황을 맞이해야 된다는 게 [그런 상황이] 앞으로 올 건데, 미리 준비를 시키지 않으면 안 되겠다 싶어 가지고 아내한테, 아내를 내 옆으로 누이고 나도 그 옆에 누워서 이야기를 했어요…. 둘이 마주보면서 울면서 그랬지, "준비해야 된다. 승희를 찾을 수 있는 것만 해도 다행일지 모른다"(울음). 그때 아내한테 이야길 했죠, 그렇게 이제 둘이 마주보면서… (흐느끼며) 말없이 울기만 했지. 그리고 이제 한, 새벽 한 5시쯤 됐나? ○○, 승희 언니 ○○를 깨웠지. ○○한테, ○○한테도 이야기를 했지, 똑같이. "○○야, 이제 네 동생은 찾는 것만이라도 다행일지 모른다. 마음의 준비를 해야 된다"(침묵). 우리 큰딸도 담

담하게 눈물만 뚝뚝 흘리더라고. 그러고서 애들이 한둘이 나와서 그런지 몰라도……

그리고 그때는 뭔 정보 경찰 놈의 새끼들이 많았는지. 안전을 위해서 온 건지 정보를 캘라고 온 건지. 안전을 위할 게 뭐 있냐고, 거기서. 아이 부모들이 모여서 이야길 할 만하면 와가지고, [학부모가] 아닌 놈 같은 놈들이 끼어 있는 거야. 그래 가지고 한두 번인가 잡아냈을 거야, 정보 경찰을. 그래 가지고 부모들이 '안 되겠다' 해 가지고 명찰을 만들었지.

면담자　　　명찰을 부모님들께서 직접 만드신 거예요?

승희 아빠　　　네. 그게 자꾸 그놈들이 섞이니까. 누가 이게 부모인지 어떤 놈인지 모르니까 명찰을 만들었다니까. 정확히 몇 일째 되는 지는, 한 4일째인가, 각 반별로 모이자고 그래 가지고, 체육관, 체육관 위 계단 쪽으로 1반에서부터 10반 숫자를 써가지고 그 반에 속한 사람들, 부모님들 다 모이게 한 거예요. 학교 학생들처럼 대표, 대표를 뽑고, 반 대표를 뽑고. 반 대표를 그때 김빛나라 엄마가 하라고 그러니까, 너무 하기 힘들다 그래서 내가 "그럼, 부대표로서 내가 옆에서, 사이드에서 도와주겠다" 그래 가지고 제가 부대표로 활동을 하면서……. 그때 대표, 부대표들이 뽑혔던 사람들이 모여서 이야기를 하는데 뭘 알겠냐고, 모여서. 뭘 알 수 있겠냐고. 서로… 모여가지고, 체육관 그 오른쪽 편을 가족들 회의방이라고, 체육관 전면 오른쪽을 가족들이 썼는데…. 그때 해군 별 두 개 단

놈인가 와가지고, 배 모형도 만들어가지고 뭐 설명만 하기 바쁘지, "이게 좋겠다", 그것도 "이렇게 하겠습니다"도 아니에요. 그러고 그냥, 지금 생각하면, 동요만 시킨 것 같아, 그냥 형식적으로. "이건 어떨까요? 저건 어떨까요?" 물어보면서 그렇게, 하루하루, 하루하루 그렇게 시간이 지체된 것 같아요, 내가 보니까, 지금 생각하면.

아이들이 이제 자꾸 나오니까 그때 나온 말이 뭐냐면, "아이들이 나오면 같이 올라가자. 우리 아이들, 여기 팽목이든 어디든 아이들을 한곳에 [데리고] 있다가 같이 올라가자". 그거를 부모들한테 의견을 모으는 과정을 가지고 가기로 했었어요. 그래서 나는 찬성이었어. 누구든 이렇게 기다리다가 내 자식만 남으면, 또 정부 하는 꼬락서니도 그렇고 저놈의 새끼들 하는 짓들이……. 근데 부모들의 의견이 갈린 게, "아이들이 차가운 곳에 있었는데, 그걸 어떻게 차가운 곳에 또 아이를 놓을 수 있느냐. 시간이 얼마가 [소요]될지 모르는[데 그런] 상황을 두고 볼 수 있겠냐" 그래서, 그 의견이 채 이렇게 의견을 만들어지기 전에 그냥 아이들이 막 나오기 시작해버렸으니까. 그러니까 이건 뭐 완전 전쟁터야, 이제는. 그때는 시간이 좀 걸릴 줄 알았는데 5일차 막 이렇게 [지나자] 애들이 막 나오기 시작하니까. 그건 집어치워서라도 내 자식을 찾을 방법이 뭐냐이거지. 그래서 DNA를 채취를 한다 해가지고 DNA 채취도 하고. 아이들이 나온다는 순간부터 다들 뭐 뭐든 집중이 [안 되었어요]……. 과정도 과정이겠지만, '내 자식 어서 차가운 곳에서 얼른 나와서 찾았으면 좋겠다', 그 바램이었지 다들.

그때 한 4일쯤인가 4일차에서인가, 5일차인가, 그때 하여튼…
우리가 자는 주변에 음식물들이, 드링크에서부터 우유에서부터 엄
청 많았어요. 근데 그걸 먹을 수가 없었어요. 먹을 수가 없었어
요. 도시락이고 뭐고 계속 갖고 오는데, 못 먹겠더라고. 그래도 이
제 사람인지라 갈증은 나니까. 자원봉사자들도 물이나 드링크나
이런 걸 갖다 놓잖아요. 물을 한 모금씩 먹어도 음식은 못 넘기고
있었는데, 5일째 되는 아침인가, 죽을, 죽을 끓여왔더라고, 죽을.
할머니들이 죽을 이렇게 나눠주시더라고. 그래서 그것도 안 먹는
다고, 안 먹는다고 했더니, 할머니가, 진도 할머니가 엄청 우시는
거야. "이거를 먹고 기운을 차려야 애를 볼 것 아니냐" [하시면서] 제
아내 손을 잡고 엄청 울더라고. 우리 아내도 그 할머니 말을 듣고,
그때 죽을 한 숟갈 떴죠, 그때. 진짜 자원봉사자들만큼은, 이런 이
야기 좀 그렇지만은, 완전히 정말 먹으면 딱 시간 맞춰서 음식 다
수거해 가지고 가고, 싹 옆에 주변 다 닦고 깨끗하게 해주고… 그
래서 그때 그 감사함을 잊지 못하죠, 자원봉사자들한테. 그때도 제
가 한 말이 뭐냐면, "100가지 중에 구조에서부터 전달에서부터 이
런 건 다 실패했어도, 100가지 중에, 99개가 실패를 했어도 [성공한]
한 가지는 자원봉사자들이다". 제가 그분들이 아니었으면… 정말
미쳐버렸을 거예요, 아마.

승희 아빠 신현호

아이를 만나는 과정

승희 아빠   그때부터는 다들, 한 5일차 지나면서는 아이들이 나
오니까, 이거는 진짜… 다들 그때부터는 숨죽이는 거예요, 숨죽여.
내 아이는 언제 나올까, 다른 부모들은 하나둘 일어나서 가는데,
나는 언제 우리 승희를 찾아서 갈까 불안하더라고요. 있으면서도
불안하고(한숨). 근데 그때, 나는 그러면서도 부대표, 부대표랍시고
그래도 막 움직였어요. 인양에 대해, 인양이 아니라 배가 지금 방
향이 어떻게 틀어지고 있다고 해서 가면, 이상한 뭐 쓸데없는 데
가서 참석, 가서 회의랍시고 하고 별 내용은 없고. "지금 상황은 이
렇습니다"라고 하는 것밖에 안 되고….

　그렇게 7일째가 됐나? 아침엔가 승희, 승희 인상착의가 이렇게
뜨더라고. 그런데 거의 비슷해. 그리고 A4로, A4로 104번으로 해
가지고, 승희 입술에 점이 있는 거, 그다음에… 그때 언니 추리닝
입고 간 거, 그다음에 까만색 필라 잠바… 그래서 우리가, 음… 승
희 입술에 점 있는 거하고, [승희가] 무릎에 상처가 있었다고, 한 초
등학교 때 한 18바늘 꿰맨 자리가 있어 가지고 승희라는 것을 직감
을 하고 팽목으로 갔었던 것 같아요.

　그때 오후 1시쯤인가 2시쯤인가, 22일 날. 거기 갔더니 대기소
도 없고 그냥 자갈, 자갈 있는 데다가 의자 몇 개 놓고 그냥 앉을 사
람 거기 대충 앉아서 그냥 기다리고, 하얀 천막이 옆에 그냥 쳐 있

고. 갔더니 부모들이… 한 열 몇 명이 있었던 거 같아. 그래서 그때 나는 '우리 승희의 모습이 어떨지 모르니까 승희 엄마하고 승희 언니를 좀 못 보게 해야 되겠다. 내가 보고, 못 보게 해야 되겠다' 그런 마음의 준비를 하고 이야기를 했지, 내가. "내가 보겠다, 내가 먼저 상황을 좀 보겠다" 그래서… 준비가 됐다고 들어오라고 그래서, 내가 그때 앞에서 한두 번째 들어갔는지 문이 열려서 들어가는데…(침묵) 맨 앞에 있더라고, 맨 앞에. 바로 보이더라고(침묵). (울먹이며) 그냥… 자는, 자는 것 같더라고, 보니까(울음)(침묵). 그래서, 자는 놈 같아 가지고 얼굴도 만지고(한숨), 오른쪽 손도 계속 만지면서 내려가면서… (계속 울먹이며) 승희 허벅지를, 허벅지부터 발끝까지 만져봤지(울음으로 잠시 중단).

(한숨을 쉬며) 그래서 나는 정말… 이 자식이 밉더라고(울음)(침묵). (한숨)(울먹이며) 내가 바보 같은 놈이라고 엄청 얘기했어요, 진짜(울음). (한숨을 쉬며) 애가 꼼꼼해서 그런지 챕스틱도 있고 안약도 있고, 핸드폰도 있고…. 나란히 발 옆엔가 놔뒀던 거 같아, 그걸(한숨)(침묵). 정말 밉더라고, 그래서 너무 미워서, 그래서 욕도 많이 했어요, 울면서(울음). 왜……. 한참 울다 보니까 옆에서 말리더라고. 주변을 보니까 다른 부모들은 아무도 없더라고, 혼자 있더라고. 그래서… '승희 엄마랑 승희 언니도 보여줘야 되겠다' 생각하고 나와가지고… 승희 엄마하고 승희 [언니를] 데리고 들어갔죠, 다시. 다시 들어갈 때는 하얀 걸로 좀 이렇게 감싸놨더라고, 애들이. 그때는 이렇게 감싸가지고 얼굴만 이렇게 보였던 거 같아. 아내하고

승희 아빠 신현호

승희 언니 데리고 들어갈 때는(한숨).

5
안산에서의 장례식

승희 아빠　　　아내하고 승희 언니 진정시키기 바쁘고, 그렇게 마무리해서 데리고 나와서 기다리고 있다가…(한숨), 목포병원인가를 간다고 그래 가지고, DNA 검사한다고. 그래서 119 구급차에……. 아이들이 많이 바뀌고 그러니까, 승희를 119 구급차에 태울 때에도 보라고 확인시켜 주더라고. 그래서 또 승희 얼굴을 또보고. 음… 그렇게 태우고… 그 승희 옆에는 엄마하고 승희 언니가타고, 내가 앞자리에 타고 갔는데 얼마나 힘들었을 거야(한숨). 참… 병원에 내려서 또 확인하고, 또 병원에 인계하고, 한 1시간 이상 기다렸나, 2시간 정도 걸렸나. 그때가 저녁, 저녁 한 7시, 8시 됐던 것 같으니까. 7시 정도? 병원에서 검사가 끝났다고 그래서 또확인하라 그러더라고. 또 승희 얼굴을 봤지. 119차에 또 태우고. 그다음에 "올라갈 때는 어떻게 하면 좋겠냐, 구급차에 탈 거냐" 그래 가지고, 내가 봤을 땐 그건 아닌 것 같더라고. 그래서 구급차를앞에 보내고 "우린 택시를 타고 가겠다, 뒤따라서". 그렇게 해서119구급차 앞세우고 우리는 택시를 타고 [올라갔죠]. 그때만 해도안산에, 안산에 장례식장이 없었어요. 병원도 없었다고 그래 가지고, 아이들이 뭐 워낙에 많아 가지고 빈자리 찾아가기 바빴으니까.

찾아서 찾아 찾아, 저쪽 월피동인가 동안산병원 거기가 자리가 하나 비었는데, 그것도 바로 안치할 수 있는 것도 아니야 또. 기다려야 된대, 다음 날부터. 승희는 또 119구급차에 내려서 또 확인해서 동안산병원 또 안치…하고. 그렇게 승희를 동안산병원에 넣고 집으로 오는데… 그 차가 항상… 네 명이서 탔었는데, 집에 갈 때 승희 탄 자리가 비더라고(한숨).

정말 현실이 믿기지가 않더라고요(한숨). 뭐 어떻게 지나가는 줄도 모르겠어. 사람 감정이… 많은 생각이 있다고 그러는데, 그렇지도 않은 것 같아. 나는 단순한 동물인 것 같아, 우리는. 그렇게 또 [승희를] 놓고 집에를 가니… 형식적인 절차를, 그것이 맞는 양, 그 절차가 맞는 양. 시간이 돌아가는 시계 침에 따라서 그냥… 자기 싫어도 자는 법, 자야 되고. 옷은, 또 옷은 또 맞춰서 입어야 되고. 무슨 짓을 한 건지 모르겠어요. 지나고 나니까 무슨 짓을 했는지 모르겠더라고, 도대체. 사람들 오면 또 사람들하고 인사를 해야 되고……. 나는 그래서 그때 화환도, 총리도 화환을 줬던가, 총리가? 그걸 ○○ 언니가 굉장히 막, 걔가 그랬던 것 같아. 자기가 왜 이런 상황을 접해야 되고, 매번 거짓말 했던 놈들이 화환을 줘놓고 가는 게 싫었던지. ○○가 그거를, 화환을 엎어버렸던 거 같아요, 그날. 그래서 내가 "잘했다" 그랬어요, "잘했다"(침묵).

다들 저기, 나도 경황은 없었던 사람이고… 승희를 어디다가 안치를 해야 될지, 납골당을 어디로 해야 될지 뭘 알아야지. 미리 뭐 가 보기를 해, 누가 설명을 해줘, 뭘 해야 할지 모르겠더라고.

승희 아빠 신현호

그냥 애들이 너무 많으니까, 애들이 어디 [추모공원에] 있다고 그러면, 거기가 거리가 얼만큼 되고, 시설 이런 걸 떠나서 애들이 어디 있다고 그러면 그냥 줄서서 가듯이 그냥 가는 거야. 그냥 느낌이. 하늘공원에 있대서 나도 "알았다. 애들 거기 있다 그러면 그리 가겠다"고 했는데 나중에 알고 봤더니 그것도 아니야. [추모 공원이] 효원도 있고 저쪽 평택 서호도 있고 그렇더라고. 그때 나는 하늘공원으로 갈려고 했는데 승희 담임선생님 아버님이 오신 거야, 승희한테. 김초원 선생님 아버님. 자기… 딸인 담임이 "효원에 있으니 그쪽으로 같이 가면 좋겠다" 그래서, 그때는 일단 뭐 서로, 어차피 '딸 가진 그냥 부모다' 생각하고 거기 같이 있는 게 좋겠다 그래서, 하늘공원에서 효원으로 바꿔달라 그래서 효원으로 가게 된 거지, 승희는.

승희는 그래서 동안산병원에서 그렇게 [장례식을] 하고, 23, 24, 25일 날… 인천으로 갔지, 인천. 인천 화장장으로 가가지고. 그때도 동안산병원 떠나기 전에 다 얼굴은 보고. 그날 동안산병원에서 승희 얼굴 봤을 때에는 피부 겉표지가 좀 벗겨지는 느낌이 있더라고, 이렇게 만져보니까(한숨). 그런 걸 뒤로 하고… 인천으로 갔는데, 차례를 기다리고 승희가 화장장으로 들어가는데, 뭐 모르지 그거는. 그냥…(침묵) 어떤 게 맞고 안 맞고, 이게 또… 내가 어떤 마음을, 마음가짐을 가져야 될지도 모르겠고. 남들이 하라는 대로, 그냥 그대로 지켜만 봤지(한숨)(침묵). (울먹이며) 그때는 정말… 마지막인가 싶더라고.

그러면서 마지막 인사라도 하듯이, 그것이, 슬퍼하고 우는 것만
이, 그것이 마지막 인사라고 생각했는지 몰라도…(침묵). (울먹이며)
정말 많이 울었어요. 근데 시간이… 많이 지나서 승희가 나오는데,
눈물이 안 나오더라고. 아무것도 없더라고(한숨). (울먹이며) 진짜
아무것도 없더라고……(침묵). (한숨을 쉬며) 정말 뭐에 홀린 것 같
고… 그냥 눈물이 안 나더라고요. 진짜 꼭 마술을 한 것 같더라고.
어떻게 그렇게 없어질, 딱 아무것도 없이 없어질 수 있는지(한숨)
(울음으로 잠시 중단). 그때 교육부 직원들인가 다섯, 여섯 명이 그
화장하는 모습을, 뒤에서 나란히 서 있더라고… 너무 밉더라고….
책임져야 될 사람들이, 아이들을 잘 안전하게 데리고 갔다 와야 할
책임이 있어야 할 사람들이 보고 있는 게 너무 싫더라고…(한숨).
다 다른 데로 가라고 다. 그 뒤로 보고 싶지 않더라고. 그래서 그
사람들은 다 딴 데로 보내버렸어요, 그때…(한숨)(침묵). 그 뒤로 뭐
가 있겠어요.

6
장례식 이후의 상황

면담자   그러고 다시 진도로 내려가시지는 않으셨고요? (승
희 아빠 : 언제요?) 장례식이 끝나고 진도를, 팽목항 쪽에 다시 내려
가시진 않으셨어요?

승희 아빠　　많이 내려갔어요, 저는. 우리 반에서는 지현이가, 황지현이가 안 왔으니까. 그리고 작년, 작년까지는 제가 가족대책위 추모분과 간사로 있었으니까. 그래서 또 각 분과별로 나눠서 내려가야 됐었고. 그래서 그 뒤로도 많이 내려갔었어요, 내려갔는데. 내려가면 지현이 아버님, 어머님 보고, 은화 엄마, 은화 아빠도 보고, 다윤이네도 보고, 현철이, 영인이네도 보고. 그때도 수색 절차를 하고 있더라고. 진도, 진도군청인가에서 설명을 하더라고, 매번. 그때 지현이가 나왔으니까 "앞으로 수색 체계를 어떻게 하면 좋겠냐" 그래서, 같이 [회의에] 가자고 그래서, 내가 진도군청 가가지고 [보니까] 다들 탁상머리에 앉아가지고 어떻게 하면 좋겠냐고. 그때도 이야기가, 실종자 유가족한테 어떻게 하면 좋겠냐[고 물어], 이 상황에서. 그래서 내가 그때 그 놈들이 준 A4 용지를 던져서 뿌려버렸어요. 당신들 지금 뭐 하는 짓이냐고 이게. 지금 아이가 한 명이 나왔지 않느냐, 당신들이 수색했던 공간이, 그것도 몇 번 들어갔던 자리라는 거예요, 거기가, 화장실에도. 그러면 너희들이 그동안 수색한 게 신뢰가 있냐 이거예요. 그럼 당연히 뭔가 거기에 대한, "부족한 점을 찾아서, 어떤 방법을 강구해서 이렇게 하겠습니다"라고 해야지, 앞으로 어떻게 하겠으면 좋겠냐고 실종자 가족한테 [물어보는 게] 당신들이 지금 이게 해야 될 말이냐고.

면담자　　아버님께서 진도에 다시 내려가셔서 맞은 상황이신 거죠?

승희 아빠　네. 나보고 유가족이 맞냐고 뒤에서 이 새끼들이 캐묻더라니까? 이 미친놈들이. 그때까지도 그 짓을 하고 있는 거야, 그 새끼들이. 아주 배짱이더라고, 이제는. 너희, 당신들이 바라볼 사람들은 우리밖에 없으니 아주 배짱이더라고, 이 새끼들이. 실종자한테 하는 것이, 내가 봤을 땐 그랬어요. 그리고 실종자도 그럴 수밖에 없었고. 그 사람들한테 매달릴 수밖에 없었고. 그러나… 매달릴 상황이 아니었거든, 내가 봐도. 지금 유가족들도 뒤에서 받쳐주고 우리가 계속 내려가고, [우리가] 가는 이유가 그건데. 뭔지 모르게 자꾸 어떠한, 내가 계속 있어서가 [잘 아는 상황이] 아니니까 어떠한 압박감을 받았는지 뭘 했는지는 모르겠지만, 굉장히 위축을 받고 있더라고, 내가 가서 보면. 그나마도 강하게 이야기를 하고 계신 분은, 은화 어머님은 계속 꿋꿋하게 이야기를 하고 계셨는데. ⟨비공개⟩

면담자　네. 그다음부터 이후의 이야기는 저희가 다음 3차, 저희 마지막 구술 때 더 듣는 걸로 하겠습니다. 여기까지 오늘 2차 구술 마치겠습니다. 고맙습니다.

3회차

2015년 12월 28일

1
시작 인사말

면담자   본 구술증언은 4·16 사건에 대한 참여자들의 경험과 기억을 기록으로 남김으로써, 이후 진상 규명 및 역사 기술에 기여하고자 합니다. 지금부터 신현호 씨의 증언을 시작하겠습니다. 오늘은 2015년 12월 28일이며, 장소는 정부합동분향소 내 불교방입니다. 면담자는 윤보라이며, 촬영자는 김향수입니다.

2
사건 이후 1년간 활동: 서명운동 등

면담자   지난번 2차 때, 아버님께서 사건 이후에 이제 승희를 찾고 올라오셨던 것까지 말씀을 해주셨습니다. 오늘은 그 이후 장례 끝나고부터 지금 현재까지, 1년 반이 넘는 시간 동안, 아버님께서 어떻게 지내오셨고, 어떤 일들이 있으셨고, 어떤 것들을 겪으셨는지에 대해서 말씀 듣고자 합니다. 이를 역사로 기록해 놓기 위해서 아버님이 아버님 목소리로 하시고 싶으신 말씀과 함께, 아버님께서 겪으셨던 일들, 중요하게 여기셨던 일들, 그런 것들을 전부 편안하게 말씀을 해주시면 될 것 같아요.

승희 아빠   누구한테도 경험이 되어서도 안 되는 그런 일이고. 제가 뭐 아는 게 있었어야죠. 자식을 잃은, 잃고 살아야 된다는 그 자체를 뭐, 경험을 해본 적이 없으니까. 아이들이 워낙에 많으니까, 그냥 승희가 혼자였으면 어떻게 됐을지 모르겠지만, 아이들이 너무 많으니까 이끌려 다닌 거예요, 본인의 의지가… 없이. 아이들이 많은 상황에서 그 아이들의 부모들이 많이 있을 거니까, 그 부모들이 어디 있냐… 찾게 된 거죠. 그래서 자연스럽게 일단 분향소에, 거기에 있다는 소리를 듣고 분향소에 대기실을 나왔죠. 나오기 시작했죠. 그때부터.

면담자   안산에 올라오시고부터?

승희 아빠   네, 그때도 계속 아이들이 올라오는 중이었어요. 상 치르고, 장례 치르고. 그리고 계속 이쪽 분향소로 계속 아이들이 왔었으니까. 오는 아이들, 그다음에 오는 아이들을 지켜봐야 됐었고 올 때마다. 그다음에 많은 조문객들도 있으니까 그분들 앞에서 피켓도 들고. 그렇게 하루 이틀 며칠간을, 한 달인가 두 달간은 계속 아마 했던 같아요. 분향소를 나와가지고 피케팅하고. 그땐 아는 부모들도 없었고. 그래서 그 이후에는 어디서 나온 생각, 아이디어가 나왔는지는 모르겠지만, 아, 정말 아이들의 이런 죽음을 헛되지 않기 위해서, 또 왜 그렇게 허망하게 구조도 못 되고 그렇게 죽어야 했는지는 알아야 하지 않느냐… 왜냐면 저 같은 경우는 [승희와] 통화도 했으니까. 그래서 서명운동을 하는 게 좋겠다는 그런 의견들이 나와서. 각 반이 10개 반이니까, 저는 3반에 속해 있었고. 반별로 모집을 하더라고요. 서명운동을 다녀보자 그래서 그때부터

3반 사람들이 모였던 것 같아요. 그 이전에는 3반 엄마, 아빠들은 전에 체육관에서 잠깐, 체육관 쪽에 있는 부모님들은 알았지만 전체적으로는 몰랐었다고. 서명운동 다니고 버스를 대절하면서 버스를 같이 타고 다니면서 '아, 이분들이 3반에, 아 전체적으로, 부모님들이구나' 라는 것을 알면서, 그러면서… 원주도 갔었고, 대구도 갔었고, 전주 한옥마을도 다니고. 그렇게 다니면서, 대구 쪽에 갔을 때, 거기는 한 2박 3일도 간 적도 있었어요. 대구에서 두 번째로 1박 했을 때는 사실 걱정했죠. 대구가 워낙에 보수 성향이고 현 대통령의 고향이다 보니까, 음, 좀 문제가 되지 않을까 걱정을 했었는데, 그렇게 크게 우려했던 것보다는 젊은 사람들이 많이 이동하는 통로여서 그랬는진 몰라도 중앙로 쪽이나 이런 데나, 대부분 사람들이 서명을 많이 해주시고 가셨어요.

면담자　　진상 규명 관련해서요?

승희 아빠　　네, 특별법 가기 위한 과정에서 서명들도 많이 하셨고. 그때 많이, 부모님들이 많이 움직였었어요.

면담자　　그게 아버님께서 안산에 올라오시고 처음 했던 활동인가요?

승희 아빠　　그렇죠. 그런 상황에서… 대구분들도 또 아빠들의 마음을 알았는지 몰라도… 계획했던 활동을 하고 나서는 저녁에 그때 술을 한잔을 사주셨던 기억이 좀 많이 나요. 그때 대창인가? 곱창에 소주를 한잔했던 것 같은데, 그때 그런 분위기가 좀, 그래도 위로해 주는 자리라서 그런지 몰라도 따뜻하게 소주를 한잔 기울이고 잠을 청한 것 같아요.

면담자   다른 아버님들이랑 같이요?

승희 아빠   네. 다른 아버님도, 어머님들도. 있으신 분은 있고, 쉬실 분은 쉬시고. 그렇게 하면서 거의… 계속 계획되는 대로 그냥 계속 서명운동 많이 다녔어요. 결과로 봤을 때, 대전도 가보고 그랬었는데, 근데 어떤 계기든 대구에서… 우리가 [대구에서] 만남이 처음 이루어져서 그런지 몰라도, "자매결연을 맺으면 좋겠다" 이런 얘기가 나와가지고, 그건 우리를 잊지 않고 계속 함께 행동해 주겠다는 그런 말씀으로 들려가지고, 우리 3반도 흔쾌히 "그러면 자매결연을 맺겠다" 해가지고 그래서 대구를 많이 갔었어요, 3반은.

면담자   어디하고 자매결연을 맺으셨다고요? (승희 아빠 : 대구대책위가 있어요) 아, 대구대책위하고.

승희 아빠   대구대책위[세월호참사대구시민대책위원회]에도   여러 단체들이 많겠지만, 민주노총도 있을 것이고. 아니면… 다른 일반 시민단체라고 해가지고 한, 정확히 제가 한 80개 단체까지라고 제가 들었던 것 같아요. 그 이상도 되는 것 같은데 최근에 기억나는 건 그 정도였던 것 같아요. 그다음에 전교조 분들도 계셨었고. 그다음에 기억나는 건 그 유모차부대. 유모차 엄마들이 처음에 서명 받을 때는 '할까 말까, 할까 말까' 지나치셨다 그러더라고. 근데 지나고 나서 보니까 미안하단 생각이 들었다고 그러더라고요, 어떤 한 분이. 그래서 자기가 서명을 하면서, [유가족들을] 도와줄 수 있는 방법이 뭐냐 해서, 자기도 서명을 좀 받아봐야 되겠다 해가지고 그 아기 엄마가 유모차를 끌고 서명을 받았던 것 같아요. 그분이 그때 1000명 이상인가를 서명을 받아서 저희한테 준 적이 있어요. 그 이후로 유모차부대가, 대구가 계속 활동이 되면서⋯ 그런 단체들도 지켜봤고, 엄마들 입장에서.

최근에도 한번 내려가서 봤는데 그 유모차 모임이라고 하는 어머님들이 영남대학교 앞에서 [서명운동을] 하고 계시더라고요. 그래서 갔더니, 어? "아버님, 이제 유모차가 없어요" 애들이 벌써 1년 반이 지나고 그랬으니까, 애들이 이제 뛰어다니더라고. 그래서 야, 참⋯ 그냥 그 커가는 모습만 봐도 너무 보기 좋더라고. 그러고 잊지 않고 그렇게 계속 활동해 주시니까 굉장히 고마웠죠. 그래서 식사도, 우리 3반에서 점심을 대접하려고 했는데, 기어코 만류해 가지고 본인들이 식사를, 우리를 대접을 해주시더라고. 대구하고 인연이 거의 지금까지도 [이어져서], 전 주 토요일도 거기서 송년회 날짜를 잡아가지고 26일 날 저희 3반 쪽 부모님들이 내려갔어요. 저는 다른 일이 있어서 못 갔고. 거기 한 열 몇 분이 다녀오서 가지고 같이 뜻깊게 송년회를 함께 보내셨더라고. 사진으로만 접했는데 많이 뵀던 분들, 같이 역시나 또 함께해 주시고 계시더라고요.

3
위안이 되었던 경험들

면담자   대구분들이 많이 함께해 줘서 아버님께 위안이 많이 되셨겠어요.

승희 아빠   그렇죠. 대구 쪽에도 친구도 많지만, 거기 가서 그 친구들 볼 생각도 못하고, 술 한잔도 할 생각도 못하는데. 만나면서부터 서로 함께해 와서 그런지 몰라도, 제가 그분들, 대구대책위 분들한테 그랬어요. "제가 술을 마시는 그룹이 세 개 그룹이 있다" 유일한 그룹이 세 개 그룹인데, 그 그룹이 유가족이고, 그다음에 대구대책위고, 그다음이 초등학교에 함께했던 동창들 일부 말고는 술을 함께하지 못하고 있으니까, 지금도. 대구에서는, 우리가 여기 지금 분향소 옆에 유가족 대기실에 보면 당직을 서잖아요, 저녁에. 10개 반이 돌아가면서 저녁에도 자고 이러면서 돌아가는데, 3반 당직일도 맞춰서 한 서너 번 왔을 거예요. 서너 번 와서, 여기서 같이 당직도 서고, 지금은 공방으로 많이 활성화가 됐는데, 거기서도 주무시고 새벽에 내려가고 막 그랬어요. 대구에 대한 기억이 많아요. 또 어느 날은 아빠들끼리 초대를 해요, 거기서 대구대책위에서. 그러면 가서 피켓 들고, 같이 또 술 한잔 기울이면서 서로 위로 받고.

기억에 남는 말은, 대구대책위 그 실장이란 분이 저녁 식사를 하면서 저한테 그러는 거예요. "아이, 아버님. 정말 고맙습니다" 그러시는 거예요. "뭐가 고맙냐, 고마울 게 뭐 있냐, 우리가 고마워해야지" 그러니까 "아이, 그래도 아버님. 우리 대구 쪽에도 여러 시민단체 모임이 있지만 그래도, 어머님, 아버님끼리 이렇게 자주 내려와 주셔서서 자기도 모임 결성이 잘된다"는 거예요. 전에는 서로 단체가 있어도 왕래도 없었고, 같은 달서구면 달서구에 있었어도 왕래도 없었다고 그러더라고요. 그런데 우리가 내려감으로 인해서, 서로 대화를 하면서 어떤 준비를 하고, 그런 과정을 만드는 속에서 서로 소통이 되고, 더 많이 서로 연대가 됐나 보더라고. 그게 그렇게 돼서 너무 고맙다고 그렇게 얘길 해 주시더라고요. 근데 바로 그 자리에서 그랬어요. 무슨 말씀이냐고, 저희가 오면서 "대구에 올 때마다 저희는 정말, 치유의 과정을 여기서 거치고 간다. 거기에 대해서 감사하지, 그런 소리를 하지 말아라" 그렇게 말씀을 드리고 술자리를 한번 한 적도 있었고.

다음 날은 술을 너무 많이 먹어서(웃음) 힘든데도, 산행 일정이 있었어요. 어머님, 아버님들 이제 건강도 챙기셔야 된다고, 산행도 하시라고 다음 날 시간 맞춰서 막 깨우시더라고. 그래서 아침에 콩나물해장 하고 산에, 산행도 같이. 도시락들을 직접 다 집에서 각자 각자 싸 오셔가지고. 힘들었어요, 술을 많이 먹어서. 그런 와중에서도 함께해 주시니까 끝까지 산행을 같이하고 도시락으로 같이 이렇게 산행을 마무리하고. 정말 너무 좋… 어렸을 때 먹었던 도시락의 그런 따뜻한 느낌? 그런 걸 많이 받았어요.

4

사건 이후 1년간의 활동

면담자   다시 진도로 내려가신 건 언제였어요?

승희 아빠   그게, 진도는 제가 그렇게 서명운동을 하면서, 어느 정도 버스 왕래로는… 그래, 그것도 한 2개월쯤 됐을 거예요. 제가 가족대책위, 우리 3반에 최윤민 아버님이라고 그분이 추모분과장을 나가려고 한다, 추모분과를 자기가 한번 해볼 테니, 승희 아빠가 좀 [나와 같이해 달라]. 저는 직장이 또 행정 그쪽에 있었으니까 도와줬으면 좋겠다, 그래 가지고 어렵게 제가 함께했던 것 같아요. 그때부터 추모분과 간사를 하고, 윤민 아빠 분과장님을 같이, 저보다 나이가 많으시니까 같이 보필하면서, 안산에 주요 추모 공간을 좀 만들 수 있는 그런 부지 쪽도 많이 다녀봤고, 공무원들 하고 같이.

그다음에는 "어떤 방법에 의해서, 어떤 식의 추모 시설이 갖춰지는 게 좋겠냐" 그래서, 저희도 뭐 그 전문가들을 만나기 전에는 그냥 뭐 큰 탑 하나 있고, 뭐 웅장하게 조각 넣고, 우리가 봐온 게 항상 그런 거였잖아요. 그런데 전문가들, 미술 분야, 인테리어 분야, 건축 분야 이런 분들을 많이 만나 봤었어요. 그분들의 이야기 중에 제가 가장 [기억이] 남는 게, 추모에 대한 시설 부분도 참 좋지만 그 시설이, 그 [세상을 떠난] 사람들의 시설보다는 남아 있는 사람들이 활용할, 활용 가치를 높이면서 그걸 기억에 담고 남길 수 있는 그런 시설이 돼야 된다. 그래서 건물도 크게 짓고 이런 그런 개념보다도 그냥 작은 어떤 공간에 돌 하나만 새겨 놓고 그것을 누가 짓밟고 갈 수도 있는 거 아니냐. 아이들의 이름을 적어놓든, 그래서 그냥 오가면서라도 보면서, 그거를 '이런 걸로 있다', 아주 단출하게. 그런 이야기를 듣고서 많이 느꼈죠. 사람들이 많이 아, 오가야 된다라는 걸 그때 제가 배웠어요.

그리고 남아 있는 사람들이 그러면 또 필요할 수 있는 공간은, 또 [희생자들이] 아이들이었으니까, 작은 어린아이들이 쉽게 와서 놀 수도 있는 그런 공간? 그래서 어떤 분들이 이야기했던 것 같아요. 놀이터가 우리가 생각하는 아파트 이런 놀이터 개념보다도, 친환경적이면서도 안전한 시설을 갖춘 놀이시설, '세계에서 제일 큰 놀이시설' 이런 걸 차라리 해서, 아이들이 와서 그런 시설을, 시설에서 있다가 가면서 [희생자들을] 기억할 수 있는 그런 [공간], 그것도 기억에 남는 것 같아요. 제 방향도, 다른 부모님도 [그런 생각이] 전파가 되면 좋겠지만, 저도 전파를 하고 있고, 꼭 추모 시설이란 부분에 대해서 그렇게 과거처럼 [무조건 웅장해야 한다는] 그런 생각은 가지지 않아요. 많은 사람들이 편안하게, 차라리 지금 현존해 있는 사람들이 많이 활용을 하면서 기획할 수 있는 그런 공간, 그거를 저는 희망해요. 그런 걸로 인해서 많이 좀 움직였고.

그다음에는 우리가… 그때가, 그게 추모분과 이런 거 만든 지가, 내가 봤을 때 작년[2014년] 말인 거 같아요, 그죠? 그 이전에는, 그 이전에는 노숙하기 바빴으니까. 노숙 그다음 단계가, 우리가 조직을 구성해서, 아 조직이 있었지? 1기가 있었어. 1기가 그 '대리기

사 폭력 사건', 그때는 저는 아니었었고, 그때까지만 해도, 1기가 활동할 때까지만 해도, 저 같은 경우는 거진 국회에서, 국회에서 계속 국회의원들 들락날락하는 그 정문 앞에서, 거기서 먹고 자고 했으니까. 그다음에 한번 며칠마다 씻으러 내려왔고. 거기도 안 되니까 청운동으로 가자 해서 청운동에도 갔었는데, 청운동에는 사무소[주민센터] 앞에 마당이 좁았어요. 좁았는데, 거긴 엄마들이 좀 많이 있었어요. 청운동에 거긴 [엄마들] 있으시라 그러고 다시 국회로 돌아갔었죠.

면담자 그때가 작년 여름인가요?

승희 아빠 그쵸, 작년 여름이죠. 그때 여당 대표 박영선이가 처음에는 우리 유가족들의 뜻을 다 반영할 것처럼, 우리가 특별법에 대해서 우리 입장을 [반영]해서 협상을 해줄 것처럼 이야기하더[니]만, [나중에] 독단적으로, 어떻게 보면 밀실협의를 해가지고, 1차 협의를 해가지고 거부를 한 적이 있죠, 우리가. 말도 안 되는 협의를 해가지고. 특조위 구성 인원부터, 거기서부터도 지금의 가해자인 현 여당과 정부의 사람들의 인원수 비례가 안 맞는데. 안 맞아가지고, 자기 식구가 자기를 수사를 해가지고 되겠냐 이거지. 그래서 이제 반대를 해서 계속 국회에서 또 노숙하고 있다가. 박영선 대표도 국회 앞에 수시로 나와가지고, [우리가] 앉아 있으면 또 와요. 자기가 뭐, 뭐 이야기한 거, "아버님 아무래도 현실이 녹록지가 않다"라면서 설득도 많이 했어요. 근데 그 자리에서도 우리는… 아무리 인원수 비례로 따져봐도 안 되는데. 그러고도 또 2차 협의를 했어요, 박영선이가. 그러고 문제가 터진 거지. 그래서 그 양반이 못하게 된 거지. 그러면서 좀… 시간이 지체, 자꾸 가면 갈수록 우리한테 관심도 떨어지니까. 그게… 취재했을 때 좀 강하게, [그런데 생각해 보면] 우리가 더 강하게 할 수 있는 게 뭐가 있냐고. 우는 방법, 매달리고 할 수 있는 방법밖에 없었으니까. 그렇게 해서 11월 달에 그렇게… 계속 노숙하고 그러고 있다가 11월 달에 특별법이, 우리가 원치 않더라도 밀려 밀려서 통과가 돼가지고 국회에서 나오게 됐죠. 나오게 되고.

그다음에는, 우리가 그러면, 계속 우리가, 우리는 항상 속아서, 속아왔으니까. 지금도 내가 옆에, 해수부가 지금 와가지고, 인양방법, 지금까지 해왔던 거에 대해서 지금 세미나하고 있는데, 못 믿는다고, 우린. 그러니까 특별법이 됐다고 그래도 우리가 손 놓고 있을 수는 없으니까. 하도 못 믿게끔 해왔으니까. 그다음에 우리가 계속 지키고 우리가 알릴 수 있는, 국민들한테 계속 알릴 수 있는 방법이 뭐냐 [그래서] 찾은 게 광화문이었죠, 광화문. 거기서도 단식 농성 장소였었고. '거기도 좀 지켜야 된다' 그래 가지고, 그 이후로는 국회 나와서 이제는 광화문에 있었죠, 광화문에서. 광화문은 그래도 국회보다는 낫죠. 왜냐하면 그때는 반별로 돌아가면서 있었으니까. 국회는 그냥 여러 반이 무조건 많이 있었던 상황이었었고. 지금도 광화문 그 도로 길이 맨날 문제되잖아요. 시멘트도 아니고 아스팔트도 아니고, 그래 가지고 차가 다니면 두두두두두두 총 쏘는 소리같이 난다고. 거기서 자고 피켓도 거기서 들고. 그리고 주말에는 항상, 지금도 그렇잖아요. 주말에는 항상 시민분들이 같이 또 와줘서, 같이 행사들 많이 했으니까.

그러면서 2기 출범했을 때 간사하면서 추모분과 그쪽하고 같이 하고, 그거 하면서도 우리가 또 체크해야 될, 챙겨야 될 데가 팽목항도 있었고, 진도체육관도 있었고, 그래서…. 음, 진도체육관에서도 실종자 가족들이 거기 있었고, 팽목항 쪽에는, 하여튼 팽목항도 가족들이 있었는데, 정확히는…. 학생들 실종자 쪽은 체육관에 다 있었고, 그래서 체육관도 많이 내려갔었죠, 그것도 분과별로. 분과가 우리가 해봐야 다섯 개 분과니까, 그거도 따지고 보면 일주일에 한 번 꼴은 내려갔었어야 돼가지고. 또 분과별로 분과장이 갈 수도 있는데 분과장이 바쁘면 간사들이. 간사 입장에서 좀 더 많이 가게 됐었어요.

마지막 지현이가 나왔을 때, 내가 내려갔던 찰나에, [승희와] 같은 반이었고, 황지현이가. 그때 "여자애 한 명이 확인됐다" 그래 가지고 지현이일 확률이 많다고 그래 가지고, 지현이 아빠 옆에서 계속 도움 줄 수 있는 거 옆에서 계속 쫓아다니면서, 인양에 대한, 아이가 어디 있고, 이 아이를 어떻게 수습할 수 있는 이런 설명회 같은 곳도 같이 다니고, 팽목도 같이 나가고. 그때 뭔 이유에선지, 아이는 확인됐는데 아이는 못 데리고 나온다고 그랬어, 당일 날, 뭔 이유 때문에. 그래서 그걸 기다렸었던 거 같아, 거기서 하루를 더. (면담자 : 아버님도 같이요?) 네, 네. 같이 기다렸다가… 지현이가 온다고 그래 가지고 팽목으로, 그때가 몇 시였는지 기억을 못 하겠네, 아침 10신가 11신가. 그때 지현이 부모님들이랑 같이 봉고차 타고 팽목으로 가가지고, 가니까 새 청장도 있었고.

거기 갔더니 수습하는 사람들이 지현 아버님한테 아이를 보라고. 얼굴이, 얼굴이나 몸이 생각보다, 어, 괜찮았었다고 그랬어요. 봐야 되지 않겠냐 그랬는데, 지현 아버님은 너무나 많은 시간을 기다렸고, 볼 자신도 없었던 것 같아. 그래 가지고 그때 지현이를 보지 않고 지현이 DNA 다시 체크하고. 음… 진도체육관에 헬리콥터가 준비가 돼 있어 가지고, 지현 아빠가, 많이들 같이 타고 가고 싶어 했는데 지현 아빠가 "승희 아빠가 옆에 좀 있어 주면 좋겠다" 그래 가지고. 그다음에 카메라 작가분 한 분하고, 그때 당시 인양분 과장하고, 네 명이, 네 명이 탔었던 것 같아요. 네 명 타고 지현이는 옆에, 바로 옆에 이렇게. 관에 이렇게 뉘어져 있었고. 참… 그래도 어떻게 상황이 참…(침묵) 그 상황이 맞는지 너무 좀 의아하더라고, 나는. 어쨌든 지현 아버님 옆을 보필하면서 그렇게 헬기 타고 저쪽 안산, 지금 저쪽 뭐냐, 대우 1단지 옆에 그쪽 공터 그쪽에서 내려서… 지현이를 같이 데리고 올라왔었죠.

그러고 나서 그 뒤로도 팽목, 팽목도 가. 그 뒤로는 지현이가 그렇게 나왔는데도 불구하고, 나는 그럼 좀 더 가속도로 수습 단계를 아이들이 거치지 않을까 [생각했어요]. 왜냐면 지현이가 화장실 쪽에서 있었다고 그랬는데 화장실에서 나온 거거든. 그러면 당연히, 자기들이 거길 열 몇 번을 들어갔다고 매일 설명하거든, 얘들이. 그런데도 불구하고 못 찾았으면 그동안에 수색했던 것은 어떻게 보면, 뭐 한 번 두 번? 이 정도? 다섯 번 정도 해서 못 찾았다 그러면, 좋다, 그럴 수 있다고 치자 이거지. 왜냐하면 아이들이 바다에 너무 오래 있으면 아이들이 몸이 부풀면서 뜬다고 그러더라고. 어쨌든 간에 다른 장소, 화장실도 아니고 다른 넓은 공간이었다면 이해가 가는데, 그 조그마한 화장실에 열 몇 번을 들어갔는데 그제서야 찾은 정도면, 다른 데이터는 제가 봐도 믿을 수가 없겠더라고. 그래서 한번 팽목인가 갔을 때, 거기 그때 은화 엄마도 있었고, 거기 설명을 하더라고, 참. 어쨌든 더 적극적인 수색을 해서 아이들을 좀 더 효과적인 방법을 찾더라도[찾기라도] 할 줄 알았어요, 계속 수색을. 근데 며칠 지나지 않아 가지고 수색 종료가 [발표 났어요], 실종자 가족들의 그런 의도도 있었겠지만, 저는 그때 진짜 실망했어요.

실망했고 종료를 하더라도, 그때 내가 은화 엄마한테도 이야기를 했었거든. 부모님들이, 제가 이런 말씀드리면 어떨지 모르겠지만, 은화 어머님하고 그때 팽목항에서 같이 차 한잔을 들고 등대 쪽으로 걸어가면서 이야기를 했었거든. "부모들이 먼저 [수색 종료] 이야기를 하는 건 맞다. 그놈들이, 해경 놈들이, 해수부 놈들이 해야 되는 건 아니지, 당연히. 이왕이면 우리 유족들이 먼저 수색보다는 그럼 차라리 인양 쪽이다 그러면 우리 부모들이 큰 결심을 가지고 먼저 하시는 게 낫다"라고 조언을 드리고, "그다음에는 인양을 하는 방법을, 절차를 가져야 된다"라고 말씀을 드렸었지. 〈비공

84

승희 아빠 신현호

개〉 근데 결론은 인양에 대한 부분을 놓친 거죠. 그것까지는 자세하게는 몰라도, 제가. 어쨌든 문서화로 만들든 뭐하든 그런 절차를 했으면 좋았는데, 가족대책위하고 조금 안 맞았던 부분은 있었던 걸로 제가 알고 있어요.

5
활동에서 아쉬웠던 점

면담자   그 부분이 제일 많이 아쉬우신 부분이군요?

승희 아빠   아쉽죠. 왜 아쉽냐면, 그것이 약속이 이루어지고 문서화가 됐으면, 우리가 그 인양을 가지고도 굉장히 진을 많이 [뺐잖아요], 시간을 더 많이 가지고 인양을 해달라, 해달라, 매일 또 광화문 가서 매일 시위한 이유가 그거 아니에요(침묵). 그러면, 인양은 해주겠다고 하면, 다음은 또 인양해 준다 하니까 확, 또 됐다, 근데 이게 믿냐 이거지. 안 믿… 인양을 해준다 그러면 한다라고는 하겠지. 그러면 방법에 있어서도 우리가 또 [협의를] 해야 된다는 거예요. 항상 우리는, 지금 뭔 결과가 이게 다 [제대로 진행될 것]이라고 생각을 하질 않는다고. 저뿐만 아니라, 생각이, 그동안에 겪어왔던 걸 알면, 하나를 이야기하면 그다음을 생각을 해서, 그다음이라는 것은 이 정부가 놓칠 수 있는 것을 우리라도, '이 무능한 머리에서라도 뭔가를 만들어야 된다, 그 사람들이 뭘 했다라고 해서 거기서 믿고 끝나지는 않는다'. 뭘 해도 그럴 것 같아요, 뭘 해도. 앞으로 뭘 해도, 정부가. 앞으로 분향소 건도 있을 거고, 배 인양하면 뭐, 지금 벌써 인양 방법을 가지고 논하고 있는데, 거기서도 조금 서로 실랑이하고 왔지만….

내가 오늘 느낀 건, 정말 그렇게 우리가 특별법 외쳐서 하지 않았으면 저놈들이 오늘 저거 발표 안 했을 거야, 저거. 지금 상하이, 중국 상하이샐비지 오고 영국 이런 데서 자문위원도 만들고 해수부에서 진행을 하고 있는데, 내가 오늘 딱 보고 느낀 게, '진짜 특조위라도 없었으면 어떻게 됐을까'. 저놈들이 오늘 대놓고 마이크에서 하는 말이 뭐냐면, 오늘 발표한 자료들을 특조위한테 줬다는 거야. 줬다는 것은 줄 수밖에 없다는 거지, 조사권이 있으니까 내놓으라니까 줬겠지.

그 전에 우리가 얼마나 외쳤냐고. 상하이빌리지[샐비지] 확정되고, 확정되기 전에도, 어떠한 업체를 선정하는 방법에 있어서도 우리 유가족하고도 얘기를 해달라, 해달라, 해수부에 계속 요구했다고. 세계적으로 어떤, 중국이나 영국이나 프랑스나 미국 어디 업체든 어떠한 장단점이 있는지, 우리도 무식하지만은 우리도 국내에 전문가들이 있으니까 그분들의 힘을 빌려서 지금 세월호의 배의 조건을, 현상을 놓고 이런 배를 인양할 수 있는 경험이 있는 인양업체나 이런 것들을 선정을 해야 할 거 아니에요. 전혀 우리한테 공개를 하지 않았다고요, 자기들의 기준하에서 선정을 한 거지. 그래서 지금도, 그동안에 계속, 우리한테 전혀, 인양에 대한 부분에 대해서 말이 없다가, 특조위가 가동이 되고 이 새끼들이 하니까, 특조위가 자료를 내라고 하니까 자료를 안 줄 수 없으니까 준 거고. 줘놓고서 그다음에는, 오늘 마이크를, 과장이란 놈이 하는 이야기가, 특조위한테 자료 줘놓고서는 "혹시 유가족한테는 전달 안 됐을지 몰라서요" 이런 식으로 또 뒷북친 거야, 오늘 해수부는.

그 자료를, 내가 이런 말해도 될지 모르겠지만, 특조위가 준 자료를 며칠인가? 기간은 모르겠는데, 은화 엄마한테도 줬다는 거야 그거를. 은화 엄마가, 은화 엄마야 당연히 해수부가 주관으로 해서 인양을 하기 때문에, 내 아이가 거기에 있기 때문에 어떤 마음이든, 실종자 마음은 해수부를 뭐 어떤 방법을 써서라도 애들이 해[아이를 찾아]준다면 그런 마음에서 쫓아가서 하니까 자료를 줬겠지. 근데 그 자료 주는 과정에서도, 어떻게 보면 당연히 주고, 또 가족대책위가 분명히 있으니까 거기서도 당연히 전달이 [돼야 하는데], 특조위에도 주고 가족대책위도 줬어야지. 어떤 분열을 조장을 하는 건지, 정말 못 믿는 사람들이죠. 앞으로는 자신 있게, 오늘은 사진만 빠짝빠짝 보여주더라고. "왜 동영상을 안 주냐?" [하니까] 주겠대. 그것도 준다고 그래서 우리가 그걸 믿나? 도대체가….

처음 사건 발생부터서 우리는 정말이요, 제가 전에도 이야기했지만, 100가지 중에 99개는 다 거짓말이었고. 우리가 그때 눈 뜨고 본 것 중에 99개는 다 거짓이었고, 한 가지만 진실이었다고, 그게 [자원]봉사. 그거 하나만 진실이었다고, 진짜로. 그럼 내가 지금에 와서는 그런 마음을 가지고, 그때 사건 현장을 겪어온 사람이니,

뭘 내가 그 사람들을 믿겠냐고. 그렇잖아요? 오늘도 사진만 보여주
고 동영상은 전혀. 똑같은 말을 하더라고. "시야가 이만큼이니까,
잘 찍은 사진만 골라서 가져왔다"든지.

6
가장 분노하고 화났던 점

면담자 아버님을 제일 좀 분노하게 하고, 화나게 했던 부분
들이 그런 부분들이신가요?

승희 아빠 그렇죠. 뭐든지 보면, 그 사건 당일도 그랬지만 왜
우리한테 물어보냐 이거지, 나는. 현상이라도 제대로 알려주든지.
아니면 전문가들의 의견에, "이 방법, 이 방법, 지금 구조할 단계가
이 방법, 긴급하게 이 방법, 이 방법, 세 가지가 있습니다. 그럼 그
중에서는, 몇 프로테이지가 있는데 이 방법이 제일 낫습니다. 어떻
게든 빨리 진행해 보겠습니다" 해야 되는데, 애들은 그것도 아니
야. 그 자체 프로테이지도 없고, 프로테이지도 없고, "지금 이거 하
나, 방법이 이거 하나 있는데 해야 될지 말아야 될지 모르겠습니
다" 이거예요, 여러 가지 방법이 있는 게 아니라. 그러면 우리는 선
택의 폭이 없는 거예요. 그럼 우리가 뭐겠어. "야야, 그거라도 해
봐" 해야지. 그럼 걔들은 책임 회피를 하려는 건지, 결과로는 책임
회피한 거지. 그래 놓고 이거 하니까 "물살이 세서, 이게 돼서, 잠

수하는 데 어려움을 겪어서" 그리고 또 하루가 가고, 또 시간이 가는 거예요. 정말, 아무것도 정말, 어떤 진실성이 없는, 방향성이 없는, 도대체가 뭘 했는지를 모를 정도니까 진짜.

자기들이 떳떳하다면, 지금이라도 자기들 전화 내용이고 뭐고 이런 다 드러내 줘야지, 해경이고 선원이고 간에. 모든 기록들을 봐야 아는 거지. 이번에 청문회서도 다 모르쇠, 기억 안 난다는 말로만 가니. 저는 거기 [청문회에] 가면, 지금 약을 먹고 있는데 거기 가면 난 지금 미치게 생겼더라고. 그래서 그냥 교육청에서 피켓만 들고 청문회는 내가 안 갔었거든(한숨), 너무 힘들어 가지고. 작년에, 작년에는 약을 좀 먹었죠. 한두 개 먹었더니, 정신과 상담 좀 받으러왔다고 3주 전인가 갔는데, 여기 한 번 왔었던 거 기록돼 있으니까 오늘은 안 된다는 거예요. "오늘 안 되면 언제 되는 거야, 지금 힘들어 죽겠는데?" 그러니까 1월 18일 날 예약이 된다는 거예요. 나 참, 그래서, 그래서 개인병원 갔지. 개인병원 가서 "아, 너무 이러저러해서 힘들어서 그렇다"고 하니까, "요즘 심경에 변화가 있냐" 그랬더니, 세월호 얘기했더니, "아버님 그러면 온마음 트라우마, 온마음센터가 있으니까 그쪽에 한번 의뢰를 하셔서 가시는 게 좋을 거다"라고 여기 왔더니 알려주더라고. 그래서 온마음 갔더니 매주 목요일, 여기 안산 고대병원 교수님이 외래로 해가지고 약 처방이 가능하시다고 그래서 그거 지금 먹고 있어요. 저녁에 잠을 못 자겠더라고.

면담자   치료를 받으시는 건 좀 되셨어요? 병원에 처음 가셨던 건 언제셨나요? (승희 아빠 : 지금요?) 작년이라든가.

승희 아빠　　네, 작년에 그때. 작년에 몇 개월 다녔었죠. 〈비공개〉

승희 아빠　　지금도 보면 아직도, 지금도 광화문도 계속 반별로 돌아가면서 가고 있지, 팽목항 거기도 지키고 있지, 동거차도도 지금, 나는 아직 못 가봤지만 아버님들 돌아가면서 어머님들까지 들어가고 있지. 단원[고] 교실도 그거 때문에 단원고 문제도 있지. 아직까지도 제자린 것 같아요, 제자리. 사람들은 시간이 이렇게 지났으니까 "뭘 [사회생활을] 해야 되지 않아?" 이런 질문을 하면, 참 정말(한숨), 정말 몸이 가라앉고 미치겠더라고.

7
자녀의 근황

면담자　　○○는 어떻게 지내요?

승희 아빠　　○○, ○○는 작년에 무지 어려웠죠. 작년에 생각을 하면 제가 좀 너무 잔인했던 것 같아. 그런 아이를 등 떠밀어서 학교를 보냈으니. 학교 가면… 자기도 슬픔을 크게 가지고 있는데 친구들과 아무 일 없다는 듯이 대하기가 너무 힘들었던 거야, 걔가. 그러니까 중간에 그냥 [학교를] 나오고 그랬더라고요. 저는 그때, 근데 걔가 고3이었기 때문에… '1년 쉬어가면 되지'라고 그 생각을 그때 왜 못했을까. 왜 그랬는지 지금 생각하면 걔한테 제일 미안해요. 나도 이렇게 어디, 여기 가고 저기 가고 하면서 1년 훌쩍 넘겼으면서. 정작 그놈아도 힘들었을 건데. 그걸 고3이라는 이유로 몰아붙인 게. 걔한테 대놓고, ○○한테 미안하다는 말은 못했지만… 좀 너무 미안하더라고. 걔도 생각할 시간도 있어야 했을 텐데. 지금도, 지금은 대학교 1학년인데, 지금도 버스 타고 오면, 교복 입은 애들 보고서 지 동생 생각나면 막 울고 오고 그러더라고. 엊그제는 아내하고 밖에 나갔다가 들어갔는데 화장지가 주변에 흥건히 있더라고. 우리 ○○, ○○도 지금 어떻게 보면 부모, 부모 쪽을 얘가 더 생각을 하더라고, 애가. 그게 맞는 게 아닌데 걔한테도, 어떻게 보면. 그래서 걔한테 부담을 좀 주지 않는 방법을 좀 더 찾아야 될 것 같아요. 자꾸 "걱정하지 마라, 내가 빨리 대학 나와서 엄마, 아빠한테 수월하게끔 취업도 잘하겠다" 뭐 이런 얘기를, 이제 대학교 1학년이 이런 얘기를 자꾸 해쌓고(침묵).

아내는, 아내는 지금 직장을 다니니까(한숨). 그것도 참, 그것도 참, 정답이, 어떤, 어떻게 살아야 정답일지를 참 모르겠어요. 힘들어하는 건 아는데 또 지금 [일을] 하고 있으니까. 지금 한 달, 한 달쯤에는 뭣 모르고 [일을 다시] 한다고 했는데, 한 달 지나면서 살살 이게 좀 힘든가 봐요. 집에서도 우는, 그런 횟수가 또 많아지고 있고. 어제는 너무 막, 너무 오래 울고 있더라고. 그래서 내가 먹던 약을 갖다줘 버렸다니까, 먹으라고(웃음)(한숨).

그놈아가 있는데, 진짜, 모르겠어요. 아무 일 없던 듯이 살 수도 없는 거고(침묵). 정말 내가 그동안 살아오면서 많이 어렵고 좀 부족하고 그런 상황 속에서 그랬다 그러면, 어떻게 보면 그쪽으로 영향을 치우쳐 가지고 살아보려고 했는지도 모르겠고. 근데…(한숨) (침묵)(한숨)(울음). 정말 우리 집에서는, 다른 집도 그렇겠지만 저는 그래요. 진짜, 너무 아깝고. 정말 [아이의] 미래를 보고 싶었어요, 그 큰 모습을(울음). (울먹이며) 진짜로 보고 싶었어요……(한숨)(침묵). 생존자 학생들이 [대]학교를 어디 가니 어쩌니 그러는데, 그놈 아들도 많이 상처받고 그랬겠지만… 내 딸도 살았으면… 참 잘됐을 건[데](한숨). 너무 불쌍해 죽겠어요, 그놈(울음)(침묵).

면담자　　　　아버님과 가족분들은 사건 후에 모든 것들이 다 변하셨죠?

승희 아빠　　　　당장 내 눈에 보이는 남아 있는 새끼도 중요하니까. 걔가 어떤 마음을 가지고 살아갈까도… 어차피 아직 성인이 아니니까. 이제 대학교 다니고 성인이지만 걔가 어떤 마음을 가지고 살까, 잘못 마음 가지면 걱정이 되니까. 〈비공개〉 대화가, 대화가 제일… 나를 위해서도 그렇고 우리 딸을 위해서도, 대화가 제일 좋은 방법이더라고. 처음에는 [냉정하게 대하는 게 낫다는] 그런 생각도 했는데… 대화를 많이 했어요. 같이 식사도 둘이서 먹으러 가자고도 하고 차도 같이 마시고. 나는 전에 없던 대화를 많이 했던 것 같아요, 큰딸하고. (면담자 : 최근에요?) 네. 아까 내 이야기했듯이, 그래서 그놈아가 앞에 방향을 좀 긍정적으로, 지금 주어진 것을, 자격증이라든가 이런 것들을 열심히 하는 모습 보여주고 있고. 그 이후에는 취업도 이야기를 하는 것을 듣고 제가 많이 안도하고 있어요, 제 딸한테는. 그래도 계속 관심 있게, 그래도 아직은 걔가 살아가는 세상을 믿지 못하니까 나는. 계속 [아이를] 봐줘야지, 내가 옆에서. 봐준다고 내가 어디까지 항상 쫓아다닐 순 없는 거고, 참. 걱정이죠, 그것도. 아내하고 나하고는 뭐… 진짜 현실이네요. 이런 상황에서도 어떻게든 살아는 가야 된다고, 살아는 가야 된다. 그렇다고 그 아이로 연관된, 그런 성금이나 이런 부분을 헛되이 할 수도 없는 부분이고. 그렇다 보면 앞으로의 계획을 짜는 거고, 짜다 보면 둘이서 이렇게 말하다가, "그래도 우리가 살려고 하고 있다" 하면서 서로 보면서 참, 정말 씁쓸하게 쳐다보죠, 서로(울음)(침묵).

8
사건 후 삶의 변화들

승희 아빠   일단은, 지금은(한숨) 어떤 마음을 가지고 살아야 될지, 정답이란 게 없는 것 같아요, 지금은. 모르겠어요, 어떻게 해야 할지. 참 어떤, 어제 '사노라면'이라는 거[텔레비전 프로그램]를 봤는데, 그 [주인공] 아주머니가 음식을 배달하는데 굉장히 고생을, 혼자, 남편 없이 혼자 애 키우는데, 딸 하나 아들 하나를 키우는데 어렵게 어렵게 그렇게, 아이들이 스무 살이 좀 넘었죠. 그 상황에서 아들을 어떤 사고로 잃었나 보더라고. 나이 대는, 어차피 젊은 아이니까. 그런데 그 양반이, 그거를 보니까 동네에서 욕을 무지하게 얻어먹었대, 그 엄마가. 왜 그러냐 하니까 식당을 계속했다는 거야, 아들을 잃고도. 내가 그걸 유심히 봤지. 그 딸이 있었는데, 딸이 남동생한테 굉장히 잘했나 보더라고. 그 딸이 생각해 낸 게, 며칠은 엄마가 아이를 보내고 집에 있으니까, 그 집에서 안 나올 것 같더라는 거지, 엄마가 영영. 그래서 그 딸이 "자기를 봐달라"라면서 엄마를 설득을 시켜서 식당일을 계속 엄마가 할 수, 하게끔 만들었더라고. 그러다 보니까 동네에서는, 자식 잃고 참 저렇게 계속 자기 하던 일을 하고 있다, 이런 욕을 많이 얻어먹었다 하더라고. 몇 년이 그렇게 흘렀는지, 많은 연수는 안 보낸 것 같더라고. 그 양반은 식당을 하니까 토요일 날 이런 때는, 공장 이런 데가 안 하는 데가 많으니까, 토요일은 노인분들 음식을 해서 노인분들을 모셔가지고 식사를 무료로 제공하시고, 그러면서 사시는 '사노라면'을 제가 봤어요. 그런 것도 유심히 보는 거고.

[살아가는 방법이] 여러 가지가 많이 있겠지만 나는 구체적으로 어떻게 해야 될지 모르겠어요, 나는. 어떤 방법으로 살아야 될지. 그게 맞는 건지, 아니면 진짜 내가 슬픔 자체로, 내 스스로가 무능함으로 가는 건지. 이게 아이를 잃은 핑계 아닌 핑계로, 내가 지금 어떤 사회활동을 못하고 있는 건 아닌지 자책하는 마음도 있고. 그러면서도 지금 있는 당장은… 누구한테 말할 수 있는 그런 마음가짐은 아니니까. 저는 마음먹은 대로 잘하는, 저는 [그런] 성격이라서, 독하다면 독하게도 잘할 수 있어요, 마음을. 그래서 독해져야되는 건지(한숨). 요즘 진료 받으러 가면서 제가 의사 선생님들하고

승희 아빠 신현호

면담을 하는데, 그 양반들은 좀 내려놓으시라고도 많이 권하고. 제가 조직생활 했을 때는 스케줄 관리 같은 거를 많이 했기 때문에, 집에서도 그런 영향이 좀 있을 수 있다…. 그래서 어쨌든 저는 요즘 생각이 많은 게, '이제는 정상적으로 내가 돌아가야 되나? 사회활동을 해야 하나? 뭐든 해야 하나? 만들어서 해봐야 되나?' 그런 생각을 많이 해요, 지금. 필요해서가 아니라(침묵).

면담자   아버님께서 원하시는 방향이 있다면 어떤 게 있을까요? 가족들도 그렇고 진상 규명의 방향도 그렇고.

승희 아빠   저는 지금, 특조위가 활동 중이지만… 그걸 청문회에서도 봤지만…(한숨) 내가 뭐 얼만큼 나서서 영향력을 줄 수 있는 것도 아니고. 그런 내 현실이 참 답답하면서도 그분들이 하시는 일을 지켜는 봐야 되고. 지켜보되 얼마나 결실이 있겠느냐는 것도 참 캄캄하고. 싫든 좋든 그래도 옆에 있어 줬던… 사람들이 사실은 지금의 야당인데. 곧 총선이 다가오는데, 그래도 현 정권에 대항할 수 있고, '조금이나마 우리 입장을 좀 [대변]해서 해주지 않을까?' 그런 희망이 있는 거죠, 저는. 그런 정치적인 희망도 가지고 있는 건데, 그런 것이 잘될까, 그것도 걱정이 돼요. 또… 다음 대선 때 대통령이 누가 되느냐에 따라서, 누가 다음 대선에서 되느냐에 따라서 더, 더 깊이 묻힐 수 있을 거라 저는 생각하니까, 이것은 짧은 기간의 싸움은 아니라고 생각하니까, 그런 막연함이 굉장한 걱정? '뭔가는 정리를 우리한테 해줬으면 좋겠는데, 그게 안 되면 어떡하지?' 그런 것도 있고. 정말 잘됐으면 좋겠는데, 진상 규명이(한숨). 갈수록 이건 뭐 첩첩산중이니까. 그래도 어떤 뿌리라도 좀 남겨놨으면 좋겠어요, 이번 특조위 활동들이든.

가족이야 뭐 저는 제가 가장이니까 딸도 잘 보살펴야 하고 아내도 잘 보살펴야 하고, 단 어떤 사회활동을 하면서 살 건지가 지금 막연한 거고(침묵). 정답을 누가 줬으면 좋겠는데, 정답을. 내가 나보고 생각하라니까, 나는 진짜 솔직히 얘기해서는, '누굴 위해서 내가 해야 되나, 뭘 위해서' [스스로에게] 질문을 던지면 솔직히 의욕이 없어요. 지금 남아 있는 우리 큰딸이나 아내에 더, 어떤 풍요로움을 위해서? 그럼 그 풍요로움을 내가 더 만들면, 그게 내가 이 사회활동이 맞는 거고 내가 잘하는 거라고 칭찬 받을 수 있을까? 난 그것도 아니라고 생각해(침묵). 그래서 '아, 나도 그러면 봉사도 좀 활동을 해봐야 되는 거 아닌가' 이런 생각도 해봤죠. 그거는 당연한 기회가 올 거라고 생각을 하고 있고. 근데 내가 먼저 찾아볼 용기를 아직 가져보지를 않았어요. 해야 된다는 거는 내 마음속에 있는데. 그렇게 해서라도 시간을 좀 가져볼까 생각도 해요, 실은. 우리 아내는 뭐든지 좀 제발 해보라는 거지, 뭐든지. 자기가 나한테, "자기도 힘든 와중이지만, 하여튼 뭐든 활동적으로 좀 해봐라"라고 하는데 아직 뚜렷한 계획을 세우고 있지는 않아요, 생각만 많지. 그런 상황이에요, 지금(한숨).

승희 아빠 신현호

9

복구된 승희의 휴대전화 속 자료들

면담자   제가 한 가지만 더 여쭤볼게요. 몇 달 전에 '파파이스'에서 승희가 찍은 사진으로 나왔던 게 있었잖아요? 그때 상황이라든지, 그때 기자들 찾아왔을 때 인터뷰하시면서 들었던 생각들을 이야기해 주세요.

승희 아빠   그때 '파파이스' 쪽 피디[PD]가 전화 와서 승희가 찍은 중요한 사진이 있다고, 이것을 방송을 하고 싶은데 방송을 하려면 아버님 허락도 필요하고, 집에도 혹시 방문할 수 있냐고 해가지고 흔쾌히 허락했어요. "그런 중요한 자료고 그것이, 음, 진상 규명하는 데 도움이 된다면 괜찮다", 흔쾌히 허락하고. 그 담당 피디는 바빠서 못 오고 두 분이 오셨던 거 같아. 두 분이 오셔서, 혹시나 다른 자료가⋯⋯. 승희 핸드폰을 복구를 세 번인가 했어요, 세 번. 하나는, 한번은 삼성전자에서 메모리 복원을 해가지고, 핸드폰을, 거기에 맞는 핸드폰을 삼성에서 줬고, 그래서 그 자료를, 핸드폰을, 또 가족대책위에서 복구를 한다는 소리를 듣고 줬죠. 그랬더니 알고 봤더니 JTBC 쪽으로, 김관 기자가 그거를 받았더라고. 그때 가서 얼굴 보니까 김관 기자야. 그 사람이 막 흥분하면서 그 핸드폰을 가져가더라고. 아 그거를 왜 지금 가져오셨냐고. 난 그때는 몰랐지, 난 삼성전자에 복원할 수 있나 해서 갔다 왔고. 그래서 2단계에서는 김관 기자가 가져갔었고. 그래서 그때 승희가 몇 번인가

JTBC에 나왔었죠, 핸드폰 쪽으로. 일곱 번짼가 그땐가. 그다음에 또 가족대책위에서 그것을, 다시 또 한다 그래 가지고 와스타디움에 가가지고 거기서 또 한 번 제출해 가지고, 세 번인가 복원을 했었죠. 그래서 '파파이스'에서 왔을 때 세 가지 자료를 다 줬어요, 다. USB에 담아 있는 걸 다 주고, 다 훑어보더라고. 다 훑어보고. 그러고 뭐… 음, 승희가 그때 찍은 사진이, 친구들 몇 명이서 나가서 난간에서 사진을 찍고, 선미 뒤쪽으로 가가지고 그쪽으로 자연스럽게 뒤로 가면서 찍었었나 봐, 사진을. 그래서 여러 자료, 거기서 원하는 대로 줬어요, 저는… 저도 그거를 읽어봤는데… 일단은 더, 전문가들의 여러 가지, 다른 전문가들의 의견도 필요하니까.

그것도 얼마 전에 가족대책위에서 지금 사진을 좀 달라고 그랬는데, 직접 나를 찝지를 않고 가족대책위 전체의, 그런 배 사진, 엔진 사진이 있으면 달라고 하더라고. 근데 내가 아직 못 주고 있어요. 인제 줘야지. 근데 그게 가족대책위 차원에서 컨트롤이 안 되나, 그게? 내가 만나서 한번 물어보려고. 정성욱 씨[동수 아빠, 가족협의회 인양분과장] 만나가지고. 승희는 그런, 승희가 가족끼리 어딜 가도 카메라를 잘 들어요. 잘 찍어요, 걔가. 같이 산을 가더라도 동영상도 잘 찍고. 거의 승희가 다 찍는다고… 그래서 뭐 [그때도] 친구들하고 찍다가… 찍었겠죠. 배 안에서도 찍은 사진, 동영상도 있고(한숨)(침묵). 좋은 자료가 잘 분석이 돼서, 해수부에선가 제출한 자료하고 그 빈 자료에 많이 부합한다고 그러더라고. 그래서 도움이 됐으면 좋겠어요.

승희 아빠 신현호

10
마무리

면담자　아버님, 저희 이번에 구술 1차, 2차, 3차 하면서 아버님이 꼭 남기고 싶은 말씀들, 하시고 싶은 말씀들 있으면 편하신 대로 말씀해 주세요.

승희 아빠　항상… 다른 일을 했었으면 이러지 않았겠지만, 항상 새로운 거를 자꾸 내가 접하니까 낯설고 힘들어요, 솔직히. 내가 이런 걸 왜 또 해야 되고, 그런 마음을 가지지만…(침묵) 그런데 제가 이렇게 하는 이유는… 그래도 무언가, 무언가가 가족대책위 차원에서 허락하는 부분이 있다면 거기에 일조를 해가지고, 음… 뭐든지 해서… 나중에 어떻게 활용이 될지는 제가 모르겠지만 그래도 소중한, 소중한 사람…을 잃은 사람들을 옆에서 계속 위로해 주시고 이끌어 주시고 챙겨주시고… 그래도 자료화를 또 남겨서… 어떤 도움 역할이 될 수 있으면, 그걸 하는 게 우리 딸아이의 한 부분이 남을 수 있으니까, 그런 마음에서 [구술에] 응했고. 가급적이면 다른 부모님들도 [구술을] 많이 했으면 좋겠어요. 그때그때 기억들을 잘 남겨서 취합을 해가지고 그때 부모들의 각자 생각들도, [생각]들이 자료화돼서 그걸 누군가가 봐서, 그런 상황에서 이러한 일들이, 정리되지 않는 일들, 누군가는 보고… 도움 역할이 되면 좋겠어요.

면담자   네. 그럼 이것으로 3차 신승희 아버님 구술을 마치겠습니다. 고맙습니다.

승희 아빠   네, 고생하셨습니다.

4회차

2019년 1월 30일

1
시작 인사말

면담자　　　본 구술증언은 4·16 사건에 대한 참여자들의 경험과 기억을 기록으로 남김으로써 이후 진상 규명 및 역사 기술에 기여하고자 합니다. 지금부터 승희 아빠 신현호 씨의 증언을 시작하겠습니다. 오늘은 2019년 1월 30일이며, 장소는 안산시 단원구 고잔동에 있는 기억저장소 사무실입니다. 면담자는 김익한이며, 촬영자는 강재성입니다.

2
근황

면담자　　　아버님 구술 1, 2, 3차 하시고, 시간이 중간에 많이 지났습니다만, 구술하신 이후에 여러 가지 변화가 있었구요. 해서 아버님 말씀을 한 번 더 듣는 것이 필요하다고 생각해서 저희가 요청을 드렸는데, 응해주셔서 감사드립니다.

승희 아빠　　　아니, 계속적으로 저희를 위해서(웃음) 해주시니까 당연히 저는 해야 된다고 생각했고.

면담자　　　고맙습니다. 최근 근황은 어떠서요?

승희 아빠　　　지금은 뭐, 일단은 뭐 탄핵 이후에는 그냥 경기도 광

주에 있는 큰처형 동서님이 모델하우스에 들어가는 가구를, 공장을 하고 있어요. 그러면서 세팅을 하는데 저는 세팅을 하는 쪽으로만 [일하고 있어요]. 가서, 가구를 가서 모델하우스로 옮기고 거기에서 가구 하나하나, 뭐 25평, 아니면 29평, 34평, 거기에 들어가는 대로 가구를 세팅해서, 전기 LED 조명이 다 들어가거든요, 책장마다 다 들어가요, 조명이(웃음). 모델하우스는 좀 조명발이죠, 내부 자재는 좀 부실하지만. 그런 전기 작업도 하면서 일도 하고, 지금도 좀 하는데 많이 줄었어요. 아파트 쪽보다는 오피스텔이 있어 가지고, 그런 거는 좀 줄어서… 하여튼 뭐 계속 지속적이다라고는 볼수 없죠.

면담자　　　그래도 그러면 17년 초랄까, 17년 3, 4, 5월 이 정도부터 시작을 하셨나요?

승희 아빠　　　거의 그…….

면담자　　　탄핵 직후면.

승희 아빠　　　네, 탄핵 후 문재인 대통령 되고 그 이후에 광주 형님이 "같이 하면 안 되겠냐?" 그래 가지고 그때부터 좀 바쁘게 움직였었죠, 조금씩. (면담자 : 그 이전에는?) 그게 이제 박근혜 영향으로 건설 붐이 일었었죠, 계속 이어서. 왜냐하면 '빛내서 집 사라' 그래 가지고. 지금도 입주 물량 엄청 많듯이 그때 모델하우스가 많았죠.

면담자　　　그러면은 이제 참사 있고 아버님 무슨 분과 맡으셨죠?

승희 아빠   제가 추모분과 간사했었죠.

면담자   추모분과 간사 맡으시면서 2017년 중반 정도까지는
하시던 일은 중단하고 진상 규명과 관련한 활동에 집중하셨네요?

승희 아빠   네, 한 3년 정도.

면담자   그러다가 17년 이후에 복귀해서 가지고 2018년 1년
쯤 일하시고 현재에 이르신 걸로 보면 될 것 같네요.

승희 아빠   예.

면담자   어쨌든 과거의 일상으로 돌아가는 거는 의미도 없고
옳지도 않고 불가능하고, 승희가 없으니까?

승희 아빠   아니, 뭐 일상으로 돌아가는 것은 아니죠. 그냥 뭐….

면담자   새로운 일상을 만들어 가는 하나의 시도로 봐도 되
겠네요?

승희 아빠   예. 맞죠, 맞죠. 그래도 하려고는 했으니까.

면담자   초기에 승희가 함께했던 느낌하고, 탄핵 이후에 아
버님이 일도 시작하고 이런 상태에서 승희가 느껴지는 것하고 좀
어떻게 차이가 있습니까?

승희 아빠   음, 일단은 마음은 복잡하죠. 근데, 어떤 일단 수익
성을 위한 행동이니까. 과거에도 어떤 수익성은 가족을 위한 일이
었는데, 또 소중한 승희가 간 이후에도 어떠한 또 소득원을 가지고

가는 어떤 행동을 하고 일을 해야 된다는 게… 좀 어떻게 보면 일상의 한 부분이고. 마치 또 '이 짜여진 틀에 그냥 가야 되는 인생인가 보다'라는 이런 생각도 하면서도. 그렇게 하면서도 자체도 어떻게 보면 좀 팍팍하기도 하고 또 슬프기도 하고, 한편으로는. 어떤 '정상적으로 생활하는 거다'라고 생각을 하기 때문에 어떤 일에 집중하다 보면, 그런 데서 좀…. 100퍼센트 집중할 수는 없죠, 아무리 그래도 그냥……. 만약에 매일매일 일을 해야 됐다고 그랬으면 못 했죠. 근데 이것은, 모델하우스의 경우에는 특정한, 한 달에 뭐 10건 정도, 이 정도만 해도 일당이 좀 세니까, 그래서 그런 부분에 있어서는 조금 덜했던 것 같아요. 그래도 계속 지속적으로 효원에 승희한테는 다니고 있었어요. 저희가 거의 주에 한 번씩은 꼭 갔었으니까, 승희한테는. 그래서 뭐 꼭 일을 한다고 그래서 승희에 대한 부분을 생각을 못 하거나……. 지속적이죠, 아직도.

면담자　　쉽지 않은 일입니다만, 승희가 하늘에서 "아빠, 여러 가지로 쉽지 않지만 그래도 열심히 일해" 그런 것처럼 느껴지지는 않으세요?

승희 아빠　　아, 그것은, 만약에 저 혼자였다면 많이 힘들었을 건데, 일단 승희가 어떻게 보면 여러 가지 리드를 많이 했었거든요. 〈비공개〉 아내하고 어떤 트러블 있을 때나 이럴 때는 거의 중간에서 승희가 침착하게 친구처럼 이렇게 타이르고. 예를 들어 밖에 나가 있으면 "아빠, 좀 어느 정도 화가 풀렸으면 들어와라" 이렇게 중간 역할을 많이 했죠.

면담자   석 달 정도 지나면 세월호 참사 5주기가 돼요. 그래서 아버님도, 그리고 하늘에 있는 승희도 새로운 일상을 만들어 가는 긍정적인 면으로 봤으면 하는 생각을 하면서 이제 본격적인 질문을 하도록 하겠습니다(웃음).

3
가족협의회 추모분과 업무와 1기 집행부의 당시 활동

면담자   추모분과는 언제까지 하신 거예요?

승희 아빠   추모분과는 제1기 집행 운영진들이 어떠한 일에 휩싸여 가지고 그만뒀을 때, 새로, 임시로 구성원을 만들었었잖아요. 그 뒤로 지금 예은 아빠나 전명선 위원장이나 했을 때, 초기[에] 같이 시작을 했죠. 그다음에 추모분과장은 그때 윤민이 아빠였고 저는 간사하면서 거기서… 박근혜의 그림을 그렸다는 분이 누구죠, 그분이?

면담자   광주에?

승희 아빠   네, 그분[홍성담 화백]도 좀 만났고. 그래서 이제 공무원들도 만나면, 거의 대화를 하면 메모를 했다가, 회의록 작성을 제가 전한 기억이, 업무를 그렇게 했었으니까, 그런 회의록 작성을 했었어요. 그래서 '꼭 그것이 필요하다'라고 봤어요. 처음부터 왜 이런 자료를 누가, 뭐 예를 들어서, 오늘 공무원은 누구를 만났고, 부지, 예를 들어 추모 부지가 저쪽 반월공단 주변에도 있고 그다음에는 군포 가기 전에 이런 뭐 산도 있고, 그다음에는 저쪽 신안산대학교 옆에 있는 부지, 그런 부지도 가서 같이 보고. 그래서 그런 내용들을 회의록에 매일매일 오늘 참석자 누구하고, 오늘 공무원은 어떤 내용을 이야기를 하고, 우리는 그런 내용을 회의록을 작성을 하는 일이었죠.

면담자 말하자면 2기 집행부 구성될 때부터 시작하셔서?

승희 아빠 임시 2기였죠, 그때는.

면담자 대체로 언제까지 하셨어요?

승희 아빠 그때 이제 전체 일괄 사퇴를 하고 새로 구성을 했었잖아요. 4·16가족협의회가 처음에 이제 전원이 모여서 어떤 투표도 하고. 그 전에는 일괄 사퇴를 했죠, 전부 다, 모두 다. 그때 저도 사퇴를 하고 정확히 몇 개월인가 얼마를, 그때 연말이었으니까요. 그래서 제가 다시 추모분과, 간사보다는 분과장으로 추대를 받았지마는 몸 건강이 안 좋아 가지고 좀 거부를 했었죠, 그때.

면담자 이른바 대리기사 폭행 사건이 (승희 아빠 : 예) 여러 파장도 있었는데, 총회 때 현장에 계신 분들이 다 나와서 사과를 하고, 유가족들이 그 사건으로 워낙 여론이 안 좋아지니까 속은 아팠겠습니다만 '그래도 여태까지 한 공이 있고 우리는 그 사과를 받아들인다' 이러면서 큰 문제 없이 잘 마무리를 했잖습니까? 저는 그 이야기를 듣고 유가족들의 큰마음에 놀라서 (승희 아빠 : 네, 그랬었죠) 감동적인 기억이 제가 남습니다. 아버님은 그 자리에는 있으셨어요?

승희 아빠   네, 있었구요.

면담자   그럼 다 상황을 보셨겠네요.

승희 아빠   공감하고 이해하고, 예예.

면담자   어떠셔요? 1기 집행부가 초기에는 어땠고, 그 이후에 어떻게 안정화되어 갔는지, 기억이 나시는 대로 보완 설명을 부탁드립니다.

승희 아빠   1기 집행부에서는 좀, 어쨌든 저도 강성 쪽에 속하고, 또 행동적으로 우리가 또 '가만히, 가만히 있어라' 이런 개념성은 또 너무 싫기 때문에, 어떡하든 우리가 똑같은 이런 참사가 나지 않아야 되는 공감대를 이루면서, 저도 또 강성 쪽에 속해가지고 행동하고 같이 또 가고. 이런 부분에서 집행부의 리더십에 대해서는 저도 그때 상당히 긍정적이었고, 또 저도 적극적으로 협조했고, 협조적으로 했고. 예를 들어서 조금 예외 사항이지만 안산에 와가지고 분향소가 화랑유원지에 있을 때, 1기 운영위가 우리 빛나라 아빠였잖아요. 한번은 제가 대기실에서도 그때부터 있었는데 아이들이 계속 올라오는 거예요. 대기실에 있으면 버스로 그대로 쭉 들어오거든. 그때는 저희는 뭐, 그때… 추모를 하기 [위해] 시민들이 와서 줄을 엄청 섰잖아요. 그래서 저희는 그때 좀 알리기 위해서 피케팅을 했었단 말이죠. 그래서 아이들 올 때 새로운 아이들이 또 해서 오면, 이 아이들이 입구까지 온다구요.

그러면 이제 어떤 한 분이, 아버님이 술을 많이 드서가지고 [저희가] "왜 피케팅을 가로막냐? 보여줘야 되는데" 그랬더니, 그분은 술을 마셔가지고. 그래서 이제 피케팅을 끝내고 들어왔는데 [그분이] 빛나라 아빠한테 막 뭐라 하는 거예요. 내가 그래서 앉아가지고 "그러시면 안 된다". 아이들이 오는 거는 어쩔 수 없이, 그 상황인데 피케팅을 막았다고, "왜 차에, 버스를 들어오게 하냐?" 하니 이런 식으로 막 뭐라 하시더라구요. "그러시면 안 된다"고 그랬더니 저를 보면서 "네가 뭔데? 이 새끼야" 하면서 다짜고짜 멱살을 잡더라구요. 그래서 멱살을 잡히고 "하지 마시라고" 사람들이 모여 있으니까 떼놨어요. 나이도 많아 보이시고. 그래서 가만히 앉아 있었더니 또 오시는 거예요. 또 한 번 멱살을 잡더라구요. 그래 가지고 그 정도로 제가 세 번째 정도까지 저를 멱살을 계속 잡아서, 마지막 세 번째까지는, 같은 3반이라는 것도 알았지만, 너무 계속 완강하게 자꾸 행동으로 오시니까 반대로 제가 목을 잡고 구타는 안 하고(웃음) 진짜 소파에 그냥 그대로 앉혀가지고 "그만하시라" 해가지고 제압을 한 적이 있어요. 그만큼 김빛나라 아빠가 하는 것에 대해서 사람들이 이야기를 할 수는 있지만, 감정적으로 대하는 것을 옆에서 제지, 말렸었다가 그런 일도 있었어요. 그때 그 아버님이 그 뒤로 안 나오셔 가지고 제가 전화도 하고 그랬는데, "나갈 거다. 내가 왜 그랬는지 모르겠다. 미쳤나 보다, 미안하다", 지금은 그 형님하고 둘도 없는, 유가족 중에서도 지금도 함께 술 먹고 또 그 집에서 자고 와요. 그 형님이 소연 아버님이세요. 그래 가지고 이번에 이사 가가지고 벌써 두 번 자고 왔어요, 아빠들 몇 분 가가지고. 그런 식으로 해서 저희 집행위원회 그런 부분에 대해서도 적극적으로 대응을 했었고 그랬습니다.

면담자   그 당시는 너무 초기라서 유가족 한 분, 한 분들이 안정적일 수는 없는 상황이었죠?

승희 아빠   그렇죠.

면담자   그러니까 어찌 보면 합리적으로는 이해되지 않는 그런 행동들도 당연히 있을 수 있었고.

승희 아빠   저도 술을 마시고, 저도 뭐 그랬으니까.

면담자   그 시기에는 추모는 그다지 주목을 받지 못한 시기였는데, 아까 말씀 중에 이제 부지를 본다는 거는 통합적인 어떤 추모 시설에 대한 구상이 초기부터 있었다는 것을 뜻하거든요? 그런 구체적인 증언이 많지 않습니다. 조금 아시는 게 있으면 말씀해주세요.

승희 아빠   지금도 보면 아마 자료가, 제 회의록이 있을 수 있어요, 가족협의회 가면 추모분과 회의록에 아마. 저한테도 데이터가 남아 있어요, 회의록이. USB로 갖고 있고. 제가 기억을 하면, 그래서 부지를 보러 다녔고, 그다음에 문화인들도 보고 "어떤 취지가 좋냐"라고 이야기를 들었을 때, 우리는 막연하게 5·18이나 그다음에 4·19 묘지, 서울은 방문을 했고, 또 정확한 대학교 이름은 모르겠는데 교수님들도 만났고, '어떠한 형태가 추모가 이루어져야 되는지' 그때 인제 대부분의 그… 예전처럼 5·18이나 4·19의 이런 [데] 가면 큰 조형물이라든가 뭐 이런 개념은 "우리는 정말 그렇게 해서는 안 된다, 이제는" 그런 조언을 많이 해 주시더라고요. "진짜 내 자식의 이름이 돌 하나가 박혀가지고 사람들이 지나다녀도 아래 보면서 이렇게 이런 일이 있었다는 걸 기억할 수 있는, 그 정도로 자세를 가져야 된다"라는 이야기를 들었을 때 그때 100퍼센트로 정말 공감했습니다, 저는. 어떠한 큰 시설보다는 정말 소소하면서도 여러 사람들이 누릴 수 있고 또 우리 같은 아이들이 무료로 국제적인, 정말 세계적으로 하나밖에 없는 놀이시설, 그냥 일반 아파트에서 놀이시설을 많이 확대해서 아이들이 많이 데리고 오고 부모님들이 오면서 가고. 또 뭐 초등학생이나 중학생도 와서도 즐길 수 있는 그런 환경을 조성해서, 그냥 돌패 하나만 승희 이름 하나 있고 그거를, 이름만 있어도 어떤 일이 있[었]는지, 그런 소소함이 있는 상황에서, 그런 추모가 추모 시설이 이루어져야 된다는 걸 그때 깨우쳤죠. 그때는 막연하게… 그런 개념이었는데 그 뒤로는 '아, 공감할 수 있는 그러한 추모 시설이어야 된다' 그걸 제가 깨달았죠.

승희 아빠 신현호

4
뜻대로 되지 못했던 특별법 합의 과정, 특조위 활동

면담자　　　　아버님이 지난번에 구술한 시기인 2015년 12월 이후에는 특조위가 본격적으로 활동을 시작했죠? 그 특조위 활동을 보시면서 유가족들이 어떤 것을 해야겠다고 생각하신 것이 있습니까?

승희 아빠　　　진짜 특조위가 진행되고 나올 때마다 정말 '아, 이게 어떤 의지나 이런 것들을 정부가 보여 주지 못하는 거. 또 한 번 속는구나, 이렇게. 또 한 번 또, 이렇게 기다리라 하면서 묻혀져 가는 게 아닌가' 정말 뭐 미치겠더라구요. 정말(코웃음) 어떻게 때려버릴 수도 없고, 경찰들 만나도 보면은 다 애들이고, 부딪쳐 봐야 다 애들[이고]. 이렇게 특조위가 진행이 참⋯ 조사권 가지고 이렇게 참 벅찬 거였구나 이런. 사실은 그래도 박근혜가 이야기했던, 처음 유가족을 불러서 했을 때의 그런, 특검까지도 본인 스스로 입을 놀렸으면서도 불구하고, 거의 뭐 나중에는 시행령에서 그냥 거의 다 뭐 빼고 뭐 빼고. 조사권이 사실 뭐 자료 요구해 가지고 안 주면 그만이고. 그런 힘없는⋯ 정말 거기도 뭐 밧줄 하나 잡고 여러 사람들이 매달려 가는 것 아닙니까? 사실 특조위원들이. 그리고 여당 쪽의 위원들이 비협조적이고 정말 '야, 이거 뭐 참⋯⋯', 정말 미치겠더라구요. 정치에 대해서는 진짜 몰랐는데, 이런 정치적인 사람들이 추천을 한 사람들로 인해서, 이 사람들이 또 조사를 하는 과정에서 또 문제를 닥치고, 또 힘없이 이렇게 특별조사 기간까지 뺏어

먹고, 지원부터 시작해서… 그런 안 되는 거를 봤을 때 '진짜 이것이 한계인가, 우리나라의 한계인가' 답답하더라구요.

면담자　그 1년쯤 전에 아마 10월, 11월 정도이지 않을까 싶은데, 특별법이 확정되는 과정에서 초기부터 유가족들이 요구했던 수사권과 기소권을 실질적으로는 포기하는 것을 합의하는 투표를 했었죠, 유가족들이 총회에서. 그 시점이 되면 그때 유가족들의 결정에 대해서 만감이 오갔을 것 같아요. 어떠셨어요?

승희 아빠　그때는 정말 미쳐버리는 줄 알았어요. 국회에서 농성을 제가 계속했었거든요, 거기에서. 교대로 아빠들하고 집에 가서 좀 씻고 그다음 날 또 와서 자고. 그때 박영선 원내대표가 첫 번째 일반론적인 합의를 하고 나와서 우리를 설득하더라구요. 저도 이제 절대 안 된다고 그래 가지고 그때 저는 간섭은 없었고, 두 번째 또 해가지고 나왔을 때에는 저도 그때 같이 앉아 있었어요, 국회 바로 입구 옆에서 부모들끼리. 그 양반이 이야기하는 것이 "저희가 해볼 수 있는 것이 방법이 없다. 이게 최선이다" 이렇게만 이야기하더라구요. 그걸 받아들일 수 없었죠. 그런 내용에서의 그… 좀 실용성이 없는, 수사권도 없고 기소권도 없는 상황에서, 그때는 다들 가능할 것처럼 이야기했었잖아요, 또? 특검도 1회, 2회 이야기했었는데 거의 뭐 시행령에서 다 날아간 것 아니고(아니에요?) 그리고 결국 원내대표, 그 일 이후로 박영선 의원이 사퇴하게 되었죠, 사실은. 그런 면에서 뭐.

면담자　　유가족들이 최종적으로 그 부분을 합의해 준 과정이 되게 어려웠을 것 같은데, 그때 제가 들은 바로는 투표를 마지막으로 했던 것으로 제가 들었어요. 그러니까 당시 야당 쪽 변호사 등등이 설명도 하고 했을 텐데, 그때 그것을 받아들이는 심경이 어떠셨어요?

승희 아빠　　솔직히 저희가 얼마나 지식이 있습니까, 사실? 정말 뭐 계속 어떤 개척점이었잖아요, 사실은. 국회 가서 농성을 하고 정말 뭔가를 좀 이뤄내려고 했는데도 불구하고, 마지막에 가서는 야당 쪽에서 변호사든 국회의원들이든… 어떻게 보면 그 사람들한테 설득을 당한 것이죠, 사실은. 그렇다고 해서 또 저희가 어떠한 해볼 수 있는 거를 더 해볼 수 있는 것, 저희는 사실 그때 시점에서 솔직히 효원에서 저는 승희를 데리고 올라고 했었을 때, 진짜로. (울컥하며) 내 아이가 땅에 뿌려져도 진짜…… 그런데 그런 말이 오갔지만 실행이 되지는 않았죠.

면담자　　시기가 좀 왔다 갔다 합니다만, 사참특위[사회적참사특별조사위원회]를 만들어서 지금 막 진행이 되는 초기인데, 결국은 사참특위도 기소권은 물론이고 수사권이 없는 상태에서 진행이 되고 있잖아요. (승희 아빠 : 그렇죠) 결국은 현재의 법체계 안에서 참 만만치 않은 일이었다, 뭐 이것은 현실적으로 인정될 수밖에 없을 것 같아요.

승희 아빠　　제가 후회하는 것은, 그때 진도체육관 있을 때도 그때 저희들이 좀 빠르게 움직였었어요. 그때도 제가, 반 대표가 빛나라 엄마였는데 못 한다 그래서 그러면 내가 부대표로 움직여가지고 부대표로 움직였었어요. 그때 우리끼리 오간 이야기가 "아이들이 나와도 같이 올라가자. 안 된다" 그런 정보가 흘러 나간 것 같아요. 그놈들이야 다 어떻게든 뭐……. 그래서 우리들은 아이들을… 진짜 냉동고든 어쨌든 아이들을 시설을 해서 어떤 시설이든 컨테이너 시설이든 '아이들을 우리는 함께 올라와야 된다' 이런 생각까지 하고 저도 강하게 공감하고, 거기 체육관에 가면 일 자부터 십 자까지 써놨어요, 각 반별로 다 모여가지고. 그래 가지고 거기에서 그거를 취합하려고 하는 단계였었거든요. 그 단계에서 그다음 날부터 애들이 올라오기 시작해 버린 거예요, 벌써. 그것이 일주일 후부터 인제. 그러니까 딱 나오니까 애들이 이제, 정부에서 어떻게 취해서 애들을 데리고 나온 동기가 됐는지는 모르겠지만, 그런 정보가 흘러 나가서 좀 그런 건지. 그러니까 그런 좀 강함이 그때부터 좀 모아졌더라면……. 정말 그런 게 저는, 제가 말씀드렸지만, 저는 강성이거든 진짜. 그게 부모들이 거의 공감하는 차원이 있었는데, 애들이 나오기 시작하니까 엄마들은 '추운 곳에 있다가 나온 애를 어떻게 하냐?'면서 그냥 자연스럽게 올라오게 된 거예요, 안산으로 다들. 올라가더라고요, 그냥. 그래서 그런 점에서 강함을 좀 우리가 아쉽지 않으냐, 그래서 결과가 또 이런 논의로 온 게 아닌가.

승희 아빠 신현호

5

인양에 대한 불신과 수색중단 기자회견 당시 실종자 가족 상황

면담자   2015년에 결국은 '법 위의 시행령'이 나오고, 그 전에 11월에 수색 중단되고. 아마 2015년 2월인가가 인양에 대한 논의가 공식화되고, 소위 배·보상, 특별법 시행령 이 세 가지가 같이 2015년에 맞물려서 움직이잖아요. 결국은 그런 정부의 정말 교묘한 술수, 이 세 가지가 같이 맞물리면서 유가족들이 힘을 쓰기가 쉽지 않은 상황이었고. 그래서 시행령도 결국은 우리가 엄청난 싸움을 했음에도 불구하고, 그 시행령을 가지고 2016년에 특조위를 운영할 수밖에 없지 않았습니까? 그리고 결과적으로는 특조위 기간 산정방식도 비상식적인 방법으로 해서 조기에 끝나버린 이런 상황이 2016년이에요. 그러니까 2016년이 가장 유가족으로서는 답답한 그런 시기였던 걸로 기억됩니다.

승희 아빠   그렇죠, 뭔가 14[년], 15[년]를 행동해 오면서 결과를 얻지 못하는 그런 상황이[었]죠.

면담자   그리고 2016년을 맞이하셨는데, 이제 제일 눈에 띄는 것은 당시에 진행되던 인양이었죠? 상하이샐비지의 인양 과정을 보시고는 어떠셨습니까?

승희 아빠   일단 접근을 막았잖아요. 저희들의 접근도 막고, 투명하지도 않고, 도대체 무슨 짓을 해놨는지도 모르고. 공개적인 어

117

떤 그런, 그냥 믿을 수 자체가 없었어요, 그냥. 왜냐하면, 우리가 근접도 못하고, 유가족도 갈 수 없는데 뭘 어떻게? 멀리서 팽목항에서 멀리서 보고 망원경으로 보고, 저도 갔다 왔지마는, 뭔 진짜 그 정부를 어떻게 믿냐 이거예요.

면담자   동거차도를 말씀하시는 것이죠?

승희 아빠   네, 동거차도. 저는 인양에 대해서는 제가 마지막에 우리 3반의 지현이가 나왔을 때, 추모분과 간사했을 때, 제가 내려가 가지고 같이… 제가 해경들이 배를 1층, 2층, 3층, 4층 해가지고 아이들의 나온 위치[가], 점점이가[점으로 표시가] 다 있어요, 선생들도 다 있고. 지현이도 나올 때 거기에 들어갔던 횟수가 10회가 넘어요, 그 화장실 수색했다는 횟수가. 그래서 제가 그 자료를 보고 제가 브리핑 때, 해경 브리핑 때 들어갔어요. 그리고 진도체육, 진도군청으로 갔었군요 그때. 그래서 자료를 주더라구. 거기에 몇 번 들어가고… 10번 들어간 거예요, 이런 자료를 주는 거예요. 그래서 제가 너무 성질나 가지고, "이런 개새끼들, 말로만 한다"고 그래서 A4 용지를 뿌려버렸어요, 그 자리에서 전부 다. 그리고 지현이 나왔을 때 그렇게 "이딴 식으로 몇 번, 이런 식으로 해가지고 어떻게 너희들이 수색을 다 했다고서 인양을 하냐, 말이 되냐? 화장실이 몇 평이냐, 도대체" 이게 또 뭐 팽창이 되고 그러면 위에 또 올라가서 그걸 못 보고. 이렇게 이런 식으로 계속하면서 그때는 갑이지 갑이 바뀌었어요, 갑이.

제가 그때 느낀 바로는, 그냥 시간은, 자기들은 시간만 가면 된다는 식으로 형식만 보여주는 거예요. 문서 보여주고 그 짓들을 하고 있더라고요. 그리고 아이들을 찾지 못한 부모들은 매달리게 되는 거예요. 우리는 우리대로 아이들 찾아오려고 우리대로 움직이고, 거기는 거기대로 도움을 필요로 할 것 아닙니까? 그러니까 이게 이제, 또 찾지 못한 부모와 찾은 부모는 또 앞으로 빨리 우리가 진실 규명을 해야 할 일이 있는데, 이런 데서도 트러블도 있었고. 인양이 [되기] 전에는, 마지막에는 제가 은화 엄마를 만났어요. 은화 엄마를 만나가지고. 은화 엄마와 저하고는 벽산아파트 제가 15층 살았고 은화 엄마는 22층인가 23층 살았었어요. 그래서 제가 출근할 때마다 은화가 항상 먼저 버튼에만 서 있어요. 그러면 저희들이 아내하고 저하고 들어가도, 얘가 인사를 안 해요, 그냥. 은화도 (웃음) 고것만 보는가 봐, 착해 가지고. "은화야, 승희 이따 내려올 거다" 그러면 은화가 먼저 내려가서 항상 승희를 기다렸다고. 그래서 그런 상황, 절친이에요, 둘이. 잘 알아가지고 그 부모들도 그래서 알았어요, 은화 엄마도. 나중에 이사 오셔가지고.

그날도 제가 차를 타고 집에 가서 승희 옷을 챙겨야 되지 않을까 했는데, 그때 은화 엄마를 제가 모시고 단원고로 갔었다니까. 우연히 또 만나가지고. 그래서 은화를 못 찾을 때도 제가 간사를 했을 때 몇 번 내려갔었어요, 계속. 윤민이 아빠가 내려갈 때라도 제가 거의 다 갔으니까. 왜냐하면 추모분과장은 좀 더 좀 해야 된다 생각했기 때문에 좀 제가 많이 내려가 가지고. 은화 엄마한테 솔직히 그랬어요. 은화 엄마가 차 한잔하쟤요. 그래서 유가족 그쪽 대기실 있잖아요, 거기도. 거기서 둘이 차를 한잔씩 들고 그거 뭐죠? 전망 아니, 등대까지 둘이 걸어갔어요. 걸어가면서 이야기를 했어요, 제가. 그때 은화 엄마가 그러더라구요, "미치겠다"고. "승희 아빠, 나는 은화가 올라오면 나 진짜 열심히 행복하게 잘 살 거라고, 이제. 우리 은화만 올라와도" 그래서 저는 그때 좀 더 냉철하게 이야기했어요. "어머니가 먼저 수색을, 유가족들이 중단을 요청을 하고, 인양의 약속을 좀 받아라" 그게 인양을 결정하기 이전이었거든요. 그런, 그렇게 차 한잔 은화 엄마하고 한 번 그렇게 하고. 잘 알았으니까 또 은화 아빠도 서로 가면 인사하고 잘했으니까, 지금도 뭐. 그래서 절친 부모로서 만나서도 그런 조언도 했었고. 결과로는 이게, 어떻게 발표나 이런 걸 보면 의외로 좀 잘못됐죠. 어떤 [인양에 대한] 약속 없이. 그렇게 해가지고 저도 깜짝 놀랐어요.

면담자　　　지금 말씀은 14년, 11월 초에 수색중단 기자회견을 하는데 기자회견문에 수색중단은 들어 있는데, 인양을 약속하는 것은 빠져 있었다는 이런 말씀을 하시는 거죠.

승희 아빠　　　그런 것들이 없었거든. 예, 제가 분명 그런 거를 조언을 드렸는데도 불구하고, 그때 너무 진짜 마음이 아팠어요. 야, 이거 참… 왜 그랬는지 모르겠어요.

면담자　　　하여튼 그 상황에 대해서는 여러 가지 복잡한 이야기들이 있어서….

〈비공개〉

승희 아빠   지현이 아빠는, 솔직히 제가 이야기했을 때 생일이었잖아요? (면담자 : 올라온 날이) 그때까지만 기다린다고 했었죠. 그래서 마음이 좀 이해가 잘 안 갔어요, 솔직히, 같이 있었지만. 그런데 나오는 거예요, 생일날. 참 우연의 일치일지는 몰라도, 그래서 역전이 된 거예요. 〈비공개〉 그리고 지현이 올라올 때도 지현 아빠가 "승희 아빠가 같이 가면 좋겠다"고 그래 가지고 헬기 타고 지현이 옆에 놓고, 그러고 안산으로 헬기로 왔다니까요.

6
동거차도에서 경험과 당시 감정

면담자   동거차도 이야기 잠깐 하겠습니다. (승희 아빠 : 네) 동거차도가 처음에는 아빠들이 중심으로 갔다가 나중에 이제 반별로 돌아가면서 올라갔잖아요. 아버님은 언제 정도에 올라가셨어요?

승희 아빠   동거차도도 역사가 좀 있어요. 그 이야기는 제가 처음에 간사했을 때 나온 이야기였어요. 혜원 아빠가 동거차도나, 그 다음에 사무처장이 누구였죠, 그 사람이?

면담자   김유신 씨?

승희 아빠   예. 그래서 "그쪽에 카메라를 갖다 대고 우리가 보자" 막 나오더라구요. 그때만 해도 저는 가족들의 믿음이 서서히 어떤, 뭘 해도 좀 경제적인 것이나 먹는 것이라든가 이런 것들이 편리함을 주면서 추진을 해야지, 예전처럼 계속 도보를 하고 뭐 하고 이런 개념 속에서 [감행하면 안 된다]. 회의석상에서 제가 운영위나 집행위원 다 있고 전부 반 대표들 있는 데서 제가 그랬어요. "이건 역부족이다. 지금 활동할 수 있는 여력이 점점점 줄어드는 추세인데 동거차도로 막 무작정 간다? 어떻게 갈 거냐, 도대체. 가면 누가 갈 거냐" 이거죠. 제가 거기서 문제 제기를 엄청 했어요. 준비되지 않은 행동은 제발 하지 말자. 그래서 제가 그만두고 새로운 집행부가 구성이 되면서 "좀 있다가" 그러면서 사실 금액으로 치면 어떤 활동지원금 개념이지만, 어쨌든 그래서 돈을 좀 지급을 해주고 가는 사람에 대해서, 그런 식으로 바뀐 거예요.

저는 잘했다고 생각했고, 하지만 가고 싶지는 않았어요, 저는. 별 특별하게 그게, 정말 뭐 봐가지고 걔들이 하는 것을, 처음에 갔다 온 사람들 이야기를 들어보면 낮에는 등지고 있고, 밤에는 뭐……. 마지막에는 제가 거기 갔다 온 우리 반 형님들 오기만 하면 저녁 먹었어요, 저녁을 사드렸어요. 갔다 오기만 하면 그때는 술을 한잔씩 하고. 주로 가신 분이 윤민 아빠, 소연 아빠, 저, 은진가? 은지가 아닌데… 하여튼 주[로] 세 명이었어요. 그래서 마지막에는 "한번 좀 가자" 그러더라고. "아이, 저 가자고!" 그래서 한 번 동거차도를 간 거예요, 거의 마무리쯤에. 마무리쯤에 가서 뭐 카메라도 보고 다 했지마는 뭐, 보이지도 않고 솔직히, 뭘 하고 (웃음) 있는지도 모르겠고. 그렇게 해서 한번 동거차도를 갔다 왔었죠, 인양하는 모습도 보고.

면담자   그래서 2016년에도 동거차도에서 감시를 하고 그랬음에도 불구하고 2016년에는 배가 올라오지 않았죠. 그리고 동수 아빠 등이 사실은 정말 고생하시면서….

승희 아빠   아, 고생하셨죠. 지금도 저는 그분들은 존경합니다.

면담자   아마 2016년 말 정도에 인양방식을 바꿀 거예요. (승희 아빠 : 그렇죠) 인양 방식을 바꾼 상태에서 좀 이따가 2017년에 배가 올라오는 그런 상황이 되었던 것인데. 결국은 동거차도로 유가족들이 가는 것은 인양에 대한 열망이랄까 그런 것들도 포함이 돼 있겠죠?

승희 아빠   훼손할 수도 있으니까요. '우리가 멀리서라도 지켜보고 있다' 이런.

면담자   아버님 그래서 동거차도에 올라가서 보니까 첫 느낌이 어떠셨어요?

승희 아빠   '이렇게 가깝나 육지와?'(한숨) '개새끼들이다 진짜'다 원망스럽더라고요. 망망대해처럼 그냥 이러면(울음) 그렇다고 치는데, 미치겠더라고요, 그때.

면담자   퇴선 방송만 했어도.

승희 아빠   네(울음).

면담자   죄송합니다. 제가 또 힘든 상황에 대한 말씀을 드리게 되어서요.

승희 아빠   이쪽 바다, 저쪽 바다 [바도] 전부 섬인 거예요, 정말.

면담자   양식장들이 쳐 있어서 배에서 거리가 그렇게 멀진 않았죠, 사실은.

승희 아빠   네, 하여튼 미치겠더라고요, 딱 보니까. 배 움직임도 있었지마는 또 밀물이 움직이기도 했죠. 그러나 뭐…(격해지며) 보이는 곳에 있는 상황이었는데, 그렇더라고요.

면담자   그때 뭐 진실호 타고 움직이기도 하고 그랬는데, 진실호도 타셨어요, 그때는?

승희 아빠   배 이름만 들었지 그 배를 타지는 않았어요.

7
단원고 교실문제에 대한 생각과 피케팅 활동

면담자   2016년에 큰일 중 하나가 단원고 교실 문제였어요. 그래서 5월 달인데 단원고 교실을 지키려고 하는 유가족들이, 우연히 강제 이전 흔적을 보고 농성을 하러 들어갔다가 아이들이 제적 처리 됐다는 사실을 알게 되고, 일주일 동안 단원고 1층에서 농성을 하신 것을 알고 계실 텐데, 아버님은 그때 계셨습니까?

승희 아빠　　　　있었습니다. 있었고, 그때는 뭔가라도 하고, 하려고 박카스도 제가 두 박스 큰 거, 통으로 사간 일도 있었고. 교장이 바뀌었는데 저는 그 학교의 행태에 대해서도 너무 많이 참았거든요, 사실. (울컥하며) 애들이 공부하고 있다는 이유로. 뭐… 생존한 선생도 그렇고, 희생한 선생도 그렇고, 누구 하나 핸드폰을 내놓아 봤습니까, 포렌식[forensics: 디지털 기기로 매개체로, 특정 행위의 사실관계를 법정에서 규명하고 증명하기 위한 절차와 방법]하라고? 책임을 안 지겠다는 거죠. 제대로 조사가 되었습니까, 교장은? 우리가 뭘 바꾸겠다는 건지. 도대체가 나는 교육청이나 뭐나, 정말 마지막까지 제가 경기도교육청에서 마지막까지 피켓을 들었거든요. 정말 교감, 뭐 너무 원망스럽고, 그의 보고를 받은 교장, 너무 알고 싶어요, 진짜. 그걸 알아야죠.

면담자　　　　실제로 학교에 대한 조사는 본격적으로 이루어진 게 없죠.

승희 아빠　　　　없어요, 없어요. 그게 미치는 거예요. 두 번째는 교감과 선생은, 선생들은 어떠한 서로 연락통을 가졌냐? 카톡이 있었냐? 카톡 그룹이나 있었는지, 어떤 서로의 연락을 통했는지, 이것도 알아야 되잖아요. 또 담임은 아이들에게 어떻게 이야기를 했고, 했는지. 정말, 진짜, 저는 대구간담회도 갔는데요. 제가 그랬어요, "난 정말 선생이고 다 원망스럽다고 난. 왜 사실을 이야기하지 않고, 날씨로 인해서도 출항에서부터 시작해서, 나는 정말 나는 밉

다" 그리고 대구에서 간담회하고 왔는데(울음). 그때 예슬 아빠하고 둘이 갔었거든요. 선생들에 대해서 싫은 이야기를 엄청 했죠. 그러고는 안산에 왔는데 전화가 왔더라고요. 안산 대구대책위, 4·16대구대책위 연대 김선호 씨인가 그런데 전화가 왔어요, 도착해서 주차하고 있는 상황에서. 어쩐 일이냐고 하니까 "아버님, 아버님을 한 번 더 뵙고 싶어 하는데, 대구에서. 혼자 오시면 안 되냐?"고 그래서 이상하더라고요. "왜 나를, 혼자를, 왜 혼자냐?" 한 번 더 요구하면 예슬 아빠랑 한 번 더 오라 그러면 이런 개념성인데, 그때는 잘 몰랐어요. 근데 나중에 보니까 전교조 선생님들이 많았던 것 같애, 그 자리에서. 그래서 저 이야기를 더 한 번 듣고, 위로를 하려 그랬는지 어쨌는지는 몰랐지만. 하여튼 전 지금도 용서 못 해요, 밝혀지지 않았지만은 그 자체로도 인정할 것은 인정해야 되잖아요, 어른이니까.

면담자　　　사참특위의 주요 규명 과제 중 하나에 학교가 들어가 있어서 그나마 다행이긴 한데, 결과는 두고 봐야겠죠. 어쨌든 단원고 교실을 남긴다는 것은 아버님이 그 당시에 보았을 때에는 어떤 의미라고 보셨어요?

승희 아빠　　　누구든, 저희야 뭐 뿌려지더라도 죽으면 [그만이지만], 아이들은 꽃을 피우지 못한 상황에서, 그렇게 많은 아이들이 갔었기 때문에. 이게 좀, 제가 불신을 하듯이, 교육자들 불신을 하듯이, 그런 교실에서의 어떤 [것들이라도] 유지를 해서, 이런 아이들

126

이 이런 교실에 있다가, 갔다 와야 되는데 안 왔다[는 걸 계속 보여줘야 한다고 생각해요]. 지금 다음 달 12일 졸업하는 자체도 저는 싫어요. 그게 왜, 무슨 명예 졸업이 그게, 뭐, 명예야 그게? 졸업이 뭘 준다고 명예 졸업식이야 그게, 뭔 의미입니까 솔직히? 못 오는 건 못 오는 거예요. 못 온 걸로 있어야지 뭔 의미인지 모르겠어, 나는 졸업이. 아무리 이해를 하려 그래도. 그대로 있는 거예요, 그런 아픔이 있으면. 또 건물도 제가, 쫙 붙어 있으면 몰라, 별동이었어요, 그것도.

하여튼 그런 개념 속에서 '우리가 유지를 해야 된다'라는 생각을 하는 거죠, 사실은. 다른 이유가 뭐가 있습니까? 저는 그런 교육 측면에서라도 좀 누구… 다들 그래요. 처음에는 알아본 사람들은, 왔다가 간 사람들 이야기를 들어보면, "많은 만감이 교차한다"는 이런 이야기들을 많이들 하니까, "더 슬프고 더 참 아프고, 참 기억해야 되겠다", 이런 이야기들을 많이 하니까. 저 혼자만 느낀 감정으로 말하는 것은 또 안 되잖아요. 거기에 공감을 하고 유지하는 게 좋겠다고 생각하는 거죠.

면담자   종교단체 등이 모여서 일종의 사회적 합의를 해서 협약식이라는 것을 맺고, 이제 단원고 2학년 교실은 현재 안산교육지청으로 옮겨 가는 과정에서, 교실을 남기고자 했던 유가족들이 중심이 되어서 경기도교육청에서 피케팅을 했죠.

승희 아빠   했죠, 맨 마지막 때까지 했어요.

면담자	어떠셨어요, 피케팅하시면서 경기도교육청 앞에서?
승희 아빠	굉장히 추웠고….
면담자	교육청 직원들 거기 왔다 갔다 하기도 하고.

승희 아빠　저는 거기 요구르트 아줌마가 한 번씩 타고 다니는 거를 보면, 윌이라는 거를 제가 좋아해 가지고, 고거를 사서 항상 먹는. 오신 분들은, 매번 저하고 같이하신 분들은(웃음) 꼭 참석해야 되겠다고, 하나씩 먹으면서 서로 위로가 되니까. 또 어떤 분은 차도 따뜻하게 타 오고 하니까, 이제 서로 의지하면서 피케팅을 했고. 다 점심 먹으러 나가고 들어오는 사람들이 그 양반들 아닙니까, 그 양반들도. 근데 그 양반들의 표정도, 뭐 진짜 그 단원고 교장은, 나는 '왜 그런 미친놈을 갖다 놨나' [생각될] 정도로 그 낯이나, 영상이 남았을 텐데, 비웃는 듯한, 유가족을 앞에 두고서 어이없다는 식의 표정이나 이런, 여러 가지를 정말(한숨), 대의를 위해서 어떤 참아야 된다는 게 정말, 그때 제일 오바이트 나올 정도로 미치겠더라고요.

면담자　　지금 하시는 말씀은 농성 때 신임 교장이 나와서 설명하는 과정을 얘기하시는 거죠?

승희 아빠　　네, 그랬고. 교육청에서는 뭐 그분들, 뭐 어쨌든 굉장히 조신하게 지나가더라고요. 그것도 안타깝고. 그런 것은 있었지마는 뭔가를 좀 해결책을 바라야 됐으니까. 그런 어떤 협의 차원에서 그냥 마무리가 됐으니까.

8
국정농단 사태와 촛불집회

면담자 2016년이 유가족들에게는 14년, 15년의 노력의 결실을 제대로 맺지 못한 것에 대한 답답함이 꾸역꾸역 쌓여가는 그런 한 해였을 것 같아요. 그러다가 이제 박근혜의 농단 사태가 16년 후반부터 터져 나오기 시작할 때 그것을 보고 어떠셨습니까?

승희 아빠 설마 했죠. 설마, 한 나라의 최고 청와대라는 곳에 있는 수장인데, 그런 농단이[은] 솔직히 생각을 못 했죠. 저도 박근혜를 찍지는 않았지만 대한민국과 결혼했다는 말을 믿었고. 그래서 또 뭐 그런 엄마라 하겠지, 하면서 긍정적으로 생각을 했죠. 그런데, 그런 일들이 터지고 4·16 참사가 나면서, 점차적으로 저도 지켜보고, 그 이후로 힘든 시기면서 이제 국정농단이 나왔을 때, 설마 했어요, 저는. '설마 저런 일이 있을까. 일국의, 일국의 어떤 그런 건데' 저는 그래서 그걸 접할 때, 그냥… 그냥 뭔가 내 자식이 왜 이렇게 됐는지, 그냥 '아, 저거구나. 저거야' 딱 느끼는 바가 저는 그거였었어요. '저 모양인데, 더 이상 뭘 저 사람한테 기대했을까' 참 기가 막히더라고요.

면담자 안산에서 버스 타고, 많을 때는 100명 이상 유가족들이 줄기차게 주말에 서울로 올라가시고, 아버님도 그때는 정말 온 힘을 다해서 같이 투쟁을 하셨네요.

승희 아빠   정말 지금 지나고 보면 어떻게 그렇게 했을까? 차가운 바닥에, 매번 비가 와도, 비가 오든 뭐 하든 계속 부딪치면서 앉아서, 또 어떤 방향, 청와대를 향해서 한 발짝이라도 더 가볼라고, 더 가서 제발 목소리 좀 들어볼라고, 그런 수장의 잘못을 제발 좀 인정해 주기를 바라면서 정말 많이 싸웠죠. 함께해 주신 분들한테 고맙고, 안국역 쪽으로 방향을 틀었을 때였는데, 그때도 많은 분들이 앞서서, 그때는 이제 버스로 이미 둘러싸이고, 최루액을 막 쏠 때죠. 그때는 누가 우리 "유가족들이 나서야 된다" 그래 가지고 우리는 전부 노란색이었으니까. 설마 유가족한테 조준해서 쏘겠냐 그래서 유가족들이 거의 전면에 나서게 되죠, 안국역에서. 근데 전면에는 못 있고 다들 등을 돌아[돌리긔 있는데 아… 계속 따가운 거예요, 눈을 못 뜨겠는 거야. 한참을 계속을 맞는 거예요. 몸을 못 버티죠.

인제 눈을 떴는데 아무도 없는 거야, 주변에(웃음). 보니까 다들 저쪽으로 가 피해가지고 있는데, 혼자서 계속 맞고 있었던 거예요. 그게 또 사진으로 있더라고 찍혀가지고. 아, 이게 그냥 막 그 비옷을 일회용을 썼어도 온몸으로 들어가니까 후끈후끈하고 미치겠는 거예요. 어떡하면 좋냐고, 제발… 사람들한테 쫓아다닐 정도로. 씻는 방법밖에 없다는데 이거는 정말 죽겠더라고. 그래 가지고 정말 막 타들어 가는 느낌이 나가지고 택시를 타가지고 집에를 왔는데,

승희 아빠 신현호

집에서 옷을 벗으니까 택시 앉은 허벅지 쪽이 거의 화상식으로 빨갛더라고요, 닿는 면이. 어우, 저는 처음 알았어요, 최루액이 그런, 심하면 화상도 입는다고 그러는데, 저는 설마 했는데 진짜 여기가 미치겠는 거예요. 그래서 와이프가 계속 저녁 내내 [응급처치를] 해 줘 가지고 그나마 괜찮았다니까요. 와, 하여튼.

면담자   유가족들이 촛불시위에 거의 선봉에 나서셨어요, 그 때 주말마다. 노력의 결과 결국 박근혜가 탄핵이 되었지 않습니까? 어떠셨어요, 현장에서? 아마 많은 유가족들이 헌재 앞에서 탄핵 소식을 접했던 것으로 알고 있습니다.

승희 아빠   그때는 아내도 같이 있었고, 주저앉은 어머니들을 많이 봤어요, 유가족들 주저앉은 모습도 보고. 정말 끝까지 안심이라는 것이 없잖아요, 모든 일이라는 게. 지금도 안심 못 하잖아요? 진행하고 있는 제2기 특조위라든지 여러 가지들이. 그냥 저희 입장에서는 '아, 이게 좀 알아줬구나. 우리의 진실된 행동들이' 그런 데서 많은 안도감을 사실 가졌죠, 일단은. 그 순간은 성취감을 느끼고 싶었어요. 그래서 많이들 끌어안고… 그랬었죠, 그때는.

면담자   정말 많이 우셨죠? 유가족들이 특히.

승희 아빠   아, 많이 울었죠, 그때는. 다들 서로 부둥켜안고. 네, 많이 울었죠.

면담자   기억을 쭉 해보면 특히 굵직굵직한 일들에서 유가족들이 직접적인 어떤 성과, 승리를 경험해 본 적이 사실 없어요.

승희 아빠   그걸 어떻게 보면, 꼭 저희로 인해서 어떤 좀…… [성과가] 있다고는, 저는 그렇게도 좀 생각하고 싶지는 않아요, 저는 솔직히. 다들 어떤 공감대가 딱 국정농단에서 그런 것을 보면서 바로 그냥 저처럼 '아, 저게 정부냐? 모든 일이 정상적으로 이루어질 수 있었겠느냐?'라는 그런 어떤 분노. 그것이 곧 다들 본인들한테도 다 미치는 영향인 거를 아니까. 또 그래서 그런 정부에 의해서 참사 또한 어떻게 대응을 했겠느냐는 것이 공감대가 형성이 되어서, 그래서 저희들이, 더 함께하신 분들이 또 옆에 있어 줘가지고 좀 앞에 있었을 뿐이지 뭐, 그렇게 생각합니다.

9
목포 신항 그리고 선체조사위에 대한 생각

면담자   그렇게 해서 2017년을 맞이하셨는데, 그 시기에 배가 쑥 올라와요(웃음).

승희 아빠   네, 맞습니다.

면담자   그렇게 빨리 올릴 거면……. 어쩌서요? 그러니까 결국은 인양이 우리가 예측했던 것보다 너무너무 오래 걸렸는데.

승희 아빠   제가 제일 기억에 남는 단어가, '박근혜가 내려가니

[배가] 올라온다' 그 말이 제일 기억에 남거든요. 누군가 이야기를 했는데, 그 이야기가 정말 그런 썩어빠진 정부가 무너지니, 새로운 싹이 올라오듯이 고목이 나가니까 새로운 싹이 올라오더라, 그런 기분이었어요, 사실은.

면담자   목포 신항에 세월호 선체가 누운 상태에서 올라오지 않았습니까? 나중에 직립하긴 합니다만. 목포에 가서 보셨습니까?

승희 아빠   저는 안 갔습니다.

면담자   (놀람) 목포에 한 번도 안 가셨어요? (승희 아빠 : 저는 네, 안 갔어요) 뭔가 이유가 있으실 것 같은데.

승희 아빠   아내는 갔었고, 굳이… 왠지, 제가 꼭……. 아내는 많이 갔는데 저는 그냥 예, 별로 가고 싶지 않더라고요. 안 갔습니다, 저는. 목포에 대해서는 그냥… 그래서 정성욱 씨[인양분과장]가 하는 것, 배에 다 그런 것만 인제 계속 접하고 관심 있게는 봤지만 내려가지는 않았어요. 뭐, 모르겠어요. 이유는 왜 그런지는 모르겠지마는… 네, 하여튼 거기서도 여러 가지 말들도 많고, 그런 게 있었던 것 같아요. 근데 "지금도 볼 생각 없냐"라고 물어요. 그런데도 안 보고 싶어요, 저는.

면담자   누워 있는 배는, 아이들이 경험했던 배를 실체로서 보는 것이니까 (승희 아빠 : 그래서 거부하는지도 모르겠어요) 부모로서는 쉽지 않은 모습이죠.

승희 아빠   모르겠어요, 하여튼.

면담자   그 전에는 승희 보내고 배는 사실 못 보셨죠, 사진으로만 봤지. 그 배는 가라앉아 있었으니까.

승희 아빠   선수가 있을 때에는 갔었죠. 선수만 있었을 때에는 봤는데, 기가 막히죠. 그 모습 자체만으로도 (한숨) 정말.

면담자   배가 올라오고 하면서 동시에 선체조사위라는 것이 가동이 되어서 움직이지 않습니까? 선체조사위는 유가족들이 이구동성으로 '배 그 자체가 증거'라고 보았고 선체조사위 활동을 통해서 특히 이제 침몰의 원인 규명에 주력하려고 애를 썼는데, 선체조사위 활동에 대해서는, 밖에서 보실 때 어떠셨습니까, 유가족으로서?

승희 아빠   제가 봤을 때는… 일단 어떤 기술적인 부분이기 때문에 너무 어렵다고 생각했고. 배의 회전력이나 이런 것들은 외국에 의뢰해서도 그런 부분을 봤지마는, 아직도 명쾌한 답이 나온 것은 없잖아요, 사실. 거기에 대해서는 아직도 지금 너무나 좀 궁금하고. 선체조사위원들의 그 진행하는 것에 대해서는 특별하게 보존성, 일부 보존성으로만 결정이 되었는데. 그런 어떤, 제가 전문적으로 좀 많이, 아빠[들]처럼 가서 보고 막 그런 것은 아니기 때문에. 하여튼 뭐, 어떤 방법으로든 거기에 대해서는 저는 맨 처음에 추모분과 했을 때는 대부도 쪽도 이야기했었어요, 사실. 배를 대부도 쪽으로 해야 한다고 이야기도 했었고. 지금 선체는 일부만 원상하고 나머지는 유지하는 쪽으로 했는데, 그것은 또 사회적 비용이 많이 들기 때문에 거기에 대해서는 특별하게 제가 불만을 가지거나……. 다만 조사가 좀 완벽하지 않은, 결과물이 나오지 않고, 이게 좀 아직도 미스터리잖아요, 사실은. 그게 좀 안타깝죠.

면담자 'KBS' 뉴스나 〈그날, 바다〉 같은 다큐멘터리 영화를 통해서 한 15도 기울어졌던 배가 45도 이상으로 급격하게 기울어지는 것을 목격을 했잖습니까? 배에 실려 있던 자동차들 블랙박스를 복원해서 확인한 사실들이죠. 그것이 사실로 확인이 되었는데, (승희 아빠 : 외압이나 뭐) 그 급격한 기울어짐에 (승희 아빠 : 그렇죠) 대해서 아버님은 어떻게 보셔요?

승희 아빠 (한숨) 정말, 뭐 여러 생각이 뭐… 정말 닻을 내린 건지, 어떤 이상이 있어서 그런 회전성이 나왔는지, 어디 부딪혔는지. 거기에 대해서는 '김어준의 파파이스'인가요? 거기에서 연락이 한번 왔었어요. 승희가 찍은 사진 중에 엔진 부분을 찍은 사진이 있어요. 시간대가 아침이거든요, 그게. 아침을 애들이 먹고 선미 쪽에 가서 사진을 찍은 것 중에 프로펠러가 두 개가 도는데 한쪽이 좀 안 찍힌 사진이 있어요. 그것을 자료를 요청해서 준 적도 있죠, '김어준[의] 파파이스' 쪽에서 해가지고. 그런데 아직 뭐… 그래서 엔진을 한쪽을 끄고 한쪽을 강하게 회전을 시켜서 될 수 있느냐, 이런 것도 추적을 했던… 하기 위해서 자료를 요청해서 줬어요.

면담자 승희 사진이나 영상도 있었습니까?

승희 아빠 사진만 있었어요. 사진이 [애들이] 뒤에 엔진 찍은 것 그게 있었죠. 거기에서 한쪽, 그쪽을 바라봤을 때 오른쪽이 프로[펠레] 그 파워력이 좀 없고 물결이 좀 잔잔하고. 왼쪽은 돌아가는 쪽. 그런 사진이었죠.

10
추모에 대한 생각과 승희에 대한 그리움

면담자　　　마지막 이슈일 것 같습니다. 초기에 추모분과를 하셨고 해서 여쭙습니다만, 결국은 지금 화랑유원지에 추모 시설 생명안전공원을 만드는 일인데, 일단 시간이 너무 많이 걸려서 아버님 입장에서는 답답하셨을 것 같아요. 그동안 진행되었던 추모 시설 등과 관련된 일을 보시면서 어떤 생각이셨는지, 그리고 추모 시설이 앞으로 어떤 방식으로 진행되기를 원하시는지 합쳐서 말씀해주시죠.

승희 아빠　　　추모 시설에 대해서는 초기부터 공무원부터서도 만나고 여러 가지 이야기를 해보지만, 그 전에 제종길 시장이 마지못해서든 어떤 거든 간에 화랑유원지를 원하는 위치에 해준 것에 대해서는 다행스럽게 생각하고 있고. 그다음에 최근에 어떤 플랜이 나온 것 같아요. 제가 처음에도 말씀드렸지만, 저는 아주… 그냥 추모공원, 공원의 개념에서 추모에 대한 어떤 거를 좀… 자기가 100퍼센트로 비유하면, 더 많은 비율로서 공원성의 개념을 가지고 사람들이 느끼면서 한번 바라보면서, '그러한 일이 있었다'라는 것을, 좀 너무 거창하지도 않으면서, 다른 어떤 시민들의 공간 활용성을 더 많이 가지면서, 그렇게 좀 만들어졌으면 좋겠어요.

면담자 　　　제가 여쭐 내용들은 거의 다 여쭸는데, 뭐 잠시 생각하시고 그래도 꼭 한마디 더 하실 게 있는지, 마지막 한마디 부탁 좀 드리겠습니다.

승희 아빠 　　　마지막… 글쎄 저는(침묵) 여러, 진짜 뭐(침묵) 진짜 저하고 항상 승희를 보면 그랬거든요. 제가 초등학교 때와 승희가 초등학교 때나 정말 달랐기 때문에, 정말 오래 보고 싶었어요, 이 아이의 삶을. 솔직히 우리 큰딸도 소중하고 그렇지만 더더욱 저는 승희를 한 번, 어떤 삶을 살아갈지 보고 싶었어요(울음). 저한테는 정말 아까운 것 같아요. 너무 큰 손실이고… 어쩌면 저한테는 삶의 한 영양소 같은 거였는데(침묵). 그게 슬퍼요, 걔를 못 본다는 게(울음). 어른들이야 이제 가니까, 그렇게 간 아이들이니까 다들……(침묵). 그런 아이들이 잘 기억이 되어서 다른 소중한 아이들도 건강하게 살아 있게 해주세요, 진짜(울음). 저를 보고, 저를 생각해서 온 것도 아니고, 제 한마디가 우리 딸을 기억하게 만들 수 있다면…. 그래서 온 거지 다른 것은 없습니다.

면담자 　　　쉽지 않은 말씀을 오래 잘해주셔서 너무 감사드립니다. 아버님 마지막 말씀, 보고 싶다는 말씀, 이처럼 유가족들이 느끼는 그리움의 어떤 강도 같은 게, 보통 경험을 하지 않은 사람들은 알 수 없는 강도거든요. 그런데 외람되지만 이런… 아이를 되새겨 보고 말씀하시고 하는 게, 슬픔을 다시 불러일으키는 일임과 동시에 이승과 저승의 통로 같은 것을 열어보고 닫고 하는 과정의 하나가 아닐까 하는 생각을 해봅니다. 아버님이 평생 사시는 데 승희와의 통로가 자주 열리기를 기원드립니다. 꿈은 꾸셔요?

승희 아빠   꿈을 좀 많이 꿨죠. 초기에 제가 간사를 마무리하고 너무 힘들었었어요. 회의록 작성하는 게 너무 힘들고, 결과물에 대해서도 사람들이 좀 많이, 그때도 바쁘게, 좀 원했었거든요, 유가족들이. 그런데 직접 하고 그러니까 스트레스나 이게, 제가 사실 구매차장까지 했었거든요. 그래서 제가 모니터 울렁증이 있어요, 진짜.

면담자   하도 보셔서.

승희 아빠   네. 옥션에 물건 하나 시키는, 컴퓨터를 켜는 자체가 제가 안 좋아하거든요. 컴퓨터 이거 진짜, 자체를 너무나 너무 많이 봐가지고. 엑셀 파일을 좀 많이 썼는데. 그래서 제가 식도염이 있어 가지고, 술을 먹으면 한 3일이면 내과 약을 좀 먹었었거든요, 전에도. 한 3일이면 나았는데, 한 날은 먹어도 안 나아요. 그래서 '이상하다. 속이 왜 자꾸 안 되지' 해가지고 '이거[위는 제2의 두뇌라고 하는 데, 이쪽을 가 봐야겠다'라고 해서 동네 정신과를 갔어요. 갔더니 온마음센터 가면, 여기 있으니까 가보시라고. 거기 가서 온마음 선생님 강정훈 선생님하고 1시간 정도 상담을 하고 약

처방을 받으시는 것이 좋을 거다 해서, 고대 교수님들이 온마음에 내방을 해가지고 처방을 해줬죠. 세상에 그때, [약을] 한 알 먹었는데 그냥 없어지더라고. 한 달 안 먹었는데, 막 여기를 조이는 느낌이에요, 막 계속 조여요. 목을 답답하게 조이는 것 같아요. 그 알약을 한 알 먹었는데 바로 없어지더라고요. 지금까지 먹고 있습니다.

면담자　　　　강정훈 선생님이 마술을 부렸네요.

승희 아빠　　　그래서 제가 굉장히 고마워하고. 강정훈 선생님은 이제 상담을 하시고. 처방을 하시지는 않고, 처방은 고대 교수 쪽에서 해주고. 그 뒤로 계속 온마음센터에 주마다 한 번씩은 갔어요, 제가 지금까지도. 그러면서 약도 계속 조절하면서 지금 사실 수면제가 없으면 잠을 못 자요. 술을 아무리 먹어도 안 돼요. 아무리 술을 마셔도… 술을 먹으면 오바이트가 나와서 술이 깨지, 술에 취해서 쓰러지는 상황까지는 안 돼요, 인제는 몸이.

11
최근 유가족공동체 활동

면담자　　　　강정훈 선생 최근에, 최근도 아니지, 꽤 됐네. 4·16 합창단에 들어오셨어요. 요새 합창하고 있어요.

승희 아빠　　　제가 그래서 강성이었거든요. 제가 우리가 반 회비도 걷고 4·16 회비도 걷는데 벌벌 해. 그런 사람들 있잖아요? 그러면 제가 일어나 가지고 "자식이 살아 있으면, 한 달에 10만 원 안 들어 가냐고" 4·16 회비 6만 원 내고, 4만 원 반 회비 내서, 그걸 갖다가 많다고 어쩌고(한숨). 반 모임에 가면 그냥 막 질러댔었거든요. 이러니까 이게 더 막 오나 봐. 저희 아내가 막, 제발 제발 좀 부탁을 했었거든요. 그래서 더 그랬는지는 몰라도.

그 뒤로 강 선생님하고 상담을 하면서 많이 내려놨어요. 그래서 제가 강 선생님이 기억에 남는 게 "생각이 다름을 인정해라. 같은 유가족이라도 똑같을 것이라고 생각을 하지 말고, 다름이라는 것을 인정을 하시라. 일의 추진에 있어 강약도 다른 거고. 그 사람은 아무리 아픔이 있어도, 요 부분은 다르게 생각할 수도 있는 것이고" 저는 무조건 '강' 이렇게 좀 했었는데, 그 뒤로 약을 먹으면서 많이 내려놨죠. 그때는 어떤 활동이나 이렇게 사람 안 나오면 처다보지도 않았어요. 대화도 안 하고. 그런데 그 뒤로는 바뀌어가지고 "아이고, 나오셨냐"고 하면서, 그런 식으로 완전히 바뀌었어요. 그래도 욱하는 것은 없어지지는 않죠.

면담자　　　오늘 구술하면서 아버님 목소리 들어보니까 너무 목소리가 좋으셔서, 언제 합창단 베이스 들어오셔서 노래 좀 하시면 좋을 것 같아요.

승희 아빠　　제가 학교 다닐 때 보컬 했어요.

면담자　　　아, 그래요?

승희 아빠　　그룹사운드 해가지고 기타 쳤었죠.

면담자　　　　근데 왜 합창단 안 들어오시는 거죠?

승희 아빠　　솔직히 이야기드리면 구매차장까지 해가지고, 아는 업체들이 무지 많아요. 300개 이상 업체들이, 많고 그래서. 좀 얼굴을 내거나 이런 쪽은 제가 막……. 그래서 추모분과도 나서야 하잖아요. 그래서 간사, 뒤에서 도와주는 거로 좀 하고, 전면에 나서는 것은 사실 좀 어렵죠.

면담자　　　　지금도?

승희 아빠　　그렇죠. 지금도 사실 제가, 뭐 사실 어떤 업종 자체가 그런 쪽이다 보니까, 그렇죠 좀.

면담자　　　　사실 제가 마무리하려 하다가 이야기가 좀 이어져서, 그러니까 합창단이나 연극 하시죠?

승희 아빠　　많이들 하고 계시죠.

면담자　　　　그리고 엄마공방 운영하죠. 목공소 아빠들도 아예 협동조합을 만들어서 하고 계시죠. (승희 아빠 : 아유, 잘하시죠) 사실 이런 움직임은, 유가족들이 만나면 너무 좋고, 다른 데서 느끼지 않는 편안함인데, 그것을 계속 이어갈 수 있는 공간이라는 생각이 들어요.

승희 아빠　　저도 거기에 대해서는 공감을 하고. 그러면서도 또 알리고 그런 거에 대해서는 존경하고, 같은 유가족 입장이지만 존경하고 고맙고. 저번에는 동거차도 철수할 때에도 미안하더라고요. 그래서 그때 민지 아빠가 지킴이 하셔가지고(웃음) 동거차도 간다 그래서, 보태서 쓰시라고 10만 원도 주고, 제가 차에 양주도 있었는데 양주도 한 병 주고(웃음) "가서 좀 먹어" 제가 할 수 있는 것들은, 그런 것들은 제가 어떻게든 좀 하는데, 전면적으로 뭐 나서서 이런 거는 좀 제가, 사실 좀……

〈비공개〉

면담자　　유가족들의 관계가 오래오래 잘 유지될 수 있도록 특히 아버님이 많이 애를 쓰셔야 될 것 같아요.

승희 아빠　　최근에도 대구대책위에서, 짧게 이야기하면은 거기서 고맙다고 그래요. "왜 그러냐?" 했더니, 같은 민주노총 계열도 있고 또 유모차부대 엄마도 있고. 유모차는 나중에 생긴 거고 원래 민주노총 자체도 지부가 있는데, 뭐 여러 단원구, 상록구처럼 지부가 있는데 서로 모른대요(웃음). 몰랐대요. 그런데 4·16으로 인해서 시민연대를 하기 위해서 민주노총이 애를 쓴 거죠. 그러면서 유모차부대 연대도 하고, 전교조도 같이하고, 그러면서 서로 얼굴을 알게 되면서, 서로 이제는 자기들의 모임이 형성이 되어가지고 좋은 시간들을 보낸다는 거예요. 자기들한테 너무 좋다는 거예요, 이게. "이런 말씀 드려야 되는지 모르겠지만…" [하고] 조심스럽게 이야기를 하더라고. 자기들이 더 활성화가 돼서 뭉쳐서 좋은 계기를 만들게 되었다고.

　　그래서 대구에서도 많이 와요. 우리가 당직이었을 때는 당직

때도 오고 그랬거든요. 자고 가고. 지금은 저희가, 얼마 전에도 일곱 분 정도 오셨거든요. 소연이네 아버님이 〈비공개〉 "언제든지 오라 그래. 우리 집에서 자라고"(웃음) 그래서 우리가 스케줄을 쭉 잡아가지고, 오는 시간 맞춰서 식사하고, 점심 먹고, 저녁 먹고, 야식하고 자고. 다음 날 해장국은 어떤 것이 좋은지, 셋이서 리허설을 하면서 돌아다니면서 먹었다니까, 이거를. 예전에는 우리가 대구 가면 그분들이 항상 저희를 대접해 줬잖아요. 이제 반대로 우리가 그분들 오면 그런 개념성으로, 계속 우리를 위해서 지금도 활동을 하시고. 한 분은 상임위로 갔을 거예요. 재단 쪽에 박신호 선생님이라고, 대구 쪽에. (면담자 : 4·16재단에?) 네. 정년퇴임 하시고 그쪽으로 아마, 가서서 자주 올라오시고, 오면 또 술 한잔 같이하고. 그렇게 해서 우리도 잊지 말아야죠. 저희를 이렇게 끝까지 계속 이렇게… 해준 분들한테도 '우리 또한 그것을 잊지 말고 잘 대해야 된다' 그렇게 생각합니다.

면담자	고맙습니다. 이것으로 마무리하겠습니다.
승희 아빠	감사합니다.
면담자	감사합니다.

4·16구술증언록 단원고 2학년 3반 제6권
그날을 말하다 승희 아빠 신현호

ⓒ 4·16기억저장소, 2019

기획 편집 4·16기억저장소 ㅣ **지원 협조** (사)4·16세월호참사가족협의회
펴낸이 김종수 ㅣ **펴낸곳** 한울엠플러스(주)
초판 1쇄 인쇄 2019년 4월 1일 ㅣ **초판 1쇄 발행** 2019년 4월 16일
주소 10881 경기도 파주시 광인사길 153 한울시소빌딩 3층
전화 031-955-0655 ㅣ **팩스** 031-955-0656 ㅣ **홈페이지** www.hanulmplus.kr
등록번호 제406-2015-000143호

Printed in Korea.
ISBN 978-89-460-6718-9 04300
　　　　978-89-460-6700-4 (세트)
* 책값은 겉표지에 표시되어 있습니다.